KB233070

경봉대선사 일대기

바보가 되거라

김현준 지음

효림

바보가 되거라

책 머리에

이 책의 제목으로 삼은 '바보가 되거라'는 경봉스님으로부터 비롯된 나의 좌우명이다. 경봉스님은 말씀하셨다.

"사람 노릇 바르게 하려면 참사람이 되어야 하고, 참사람이 되려면 세상의 오욕락五欲樂을 따라다녀서도, 바깥을 향해 무엇을 구하려 해서도 안된다. 돈과 명예와 권력과 본능을 척도로 삼는 세속적인 계산법을 버릴 수 있을 때 올바른 사람 노릇을 할 수가 있고, 사람 노릇을 잘 해야 참사람이 될 수 있다."

실로 나의 삶 속에서 경봉스님을 가까이 할 수 있었던 것은 더 없는 기쁨이요 귀중한 인연이었다. 중학교 3학년 때부터 불교에

심취한 나는 출가의 망상(?)에 빠져 전국의 고승들을 찾아다니며 가르침을 받았고, 고등학교 1학년 때 경봉스님을 처음으로 친견하게 되었다. 어머니와 함께 3배를 올리자 스님은 어머니에게 말씀하셨다.

"재 누고?"

"제 아들입니다."

"재는 전생에 중이었다. 재 나다오."

아들의 출가를 막아 줄 것을 부탁하기 위해 함께 갔던 어머니에게는 말할 수 없는 충격이었다. 며칠 있는 동안 스님은 어머니 몰래 나를 10여 차례나 불러내어, '학업을 마치거든 중되러 올 것'을 당부하셨고, 불교는 무엇이며 수행은 어떻게 하는 것인가를 자상히 일러 주셨다.

고등학교 시절, 나는 수십 차례나 스님을 찾아갔다. 그때마다 스님은 끝없는 법法의 문門을 열어 보여 주셨다. 어느 때는 편지를 주셔서 달려갔더니, 가사를 수하시고 나를 법당으로 데리고 갔다. 그리고는 계戒를 주시고 유발상좌有髮上佐(머리 기른 제자)로 삼아주시기까지 하였다.

그 뒤 많은 고승들로부터 불교를 배우고 대학원에서도 불교를 전공하게 되었지만, 스님의 가르침은 언제나 내 공부의 뿌리가 되었고 나침판이 되었다. 진정 경봉스님이 없었다면 나는 불교의 껍질만을 씹었을 것이다.

그 크신 은혜! 평생토록 잊지 못할 일이다.

이제 나는 경봉스님의 일대기를 탈고하였다. 우연히도 스님께서 열반에 드신 지 꼭 11년이 되는 1993년 7월 17일에 글을 마친 것이다. 그런데 또 한 가지의 우연이 있다. 그것은 처음으로 스님의 일대기를 써야 하겠다고 작정한 일이다.

그 날 나는 새벽 3시가 되도록 텅 빈 마음으로 앉아 있었다. 그런데 지극히 평화로운 상태에서 문득 한 생각에 빠져들었다.

'스님의 일대기를 써야 한다. 이것은 나에게 주어진 조그마한 소명召命이다. 정성을 다해, 최선을 다해 일대기를 쓰리라.'

바로 그 날이 스님의 열반 3주기가 되는 1985년 7월 17일이었던 것이다. 글의 시작과 끝이 스님의 열반일로 모아졌으니……

나는 결코 이 책이 나의 뜻에 의해서만 쓰여진 것이라고 생각하지 않는다. 그야말로 스님의 보살핌을 느끼면서 글을 썼기 때문이다. 한매 한매를 엮을 때마다 스님께서는 언제나 곁에 계셨다. 그리고 어떻게 쓸 것인가를 일러 주셨다.

물론 글을 쓰면서 이제까지 생각했던 것보다 더 위대한 스님의 모습도 볼 수 있었다. 가히 신라의 원효대사나 고려의 보조국사에 버금가는 스님의 도력과 거룩함을 접할 수 있었다.

누구도 흉내 낼 수 없는 대도인의 일평생….

그러나 이 글은 스님의 그림자에 불과하다. 해변에 서서 바다 전체를 이야기한 꼴에 지나지 않는다. 그렇지만 해변에서 맛보는 바닷물과 태평양 한가운데의 물맛은 분명 하나의 같은 맛이다.

이 책을 읽는 분들이 그 맛이라도 접할 수 있다면, 그리고 스님의 가르침 중에서 한 가지만이라도 마음에 담아 깨어남의 빛으로 삼는다면 나로서는 더 바랄 것이 없다.

끝으로 명정스님·원산스님을 비롯한 문중의 제자들께 깊이 머리를 조아려 감사드린다. 제자들이 힘을 모아 이 세상에 내어놓

은 경봉스님의 법문집·시집·서간집·일지·휘호집 등이 없었다면
이 글은 쓰여질 수 없었을 것이다. 그리고 여러 가지 도움말을 주
신 해인사의 일타큰스님과 학성선원의 우룡큰스님께도 깊이 감
사드린다.

이 책을 쓴 공덕있다면
그 공덕 남김없이 회향하옵니다.
부처님과 진리의 빛
이 세상을 밝게 비춰
뭇 생명있는 이 모두를
해탈의 세계로 나아가게 하소서.

1993년 늦은 여름에

김현준

목 · 차

목 · 차

목 · 차

《서장》

큰스님의 큰 뜻

사바세계를 무대로 멋있게 살아라

특이한 기행(奇行)이나 남다른 행적보다는 천하의 수행승들로부터 통도사군자(通度寺君子)로 존경받으면서 담담히 불교 집안의 기강을 세우고 승속(僧俗)의 마음 깊은 곳에 부처님의 등불을 밝히셨던 경봉 (鏡峰) 큰스님…….

경봉 큰스님은 통도사 극락암을 그 70년 교화의 터전으로 삼았다. 그러나 스님의 마음은 극락에 있지 않고 사바(娑婆)에 있었다. 아니, 사바즉극락(娑婆卽極樂)에 있었다.

이 사바는 참지 않고서는 살아갈 수 없는 감인세계(堪忍世界), 잡된 것으로 뒤죽박죽 얽혀 있는 회잡(會雜)의 세계로 풀이된다. 사바세계 에 태어난 이상은 아무리 큰 복을 누릴지라도 인내하며 살아야 하고 잡된 일로 시달리기 마련이라는 것이다. 그러나 사바라고 하여 괴로움 과 번뇌만이 가득한 것은 아니다. 오히려 이러한 세계이기에 깨달음의 영역으로 보다 가까이 접근할 수 있다. 고통과 번뇌의 결박을 분명히 느낄 수 있는 사바세계이기에, 이곳 사람들은 해탈과 깨달음을 갈구하게 된다.

스님은 바로 이 세계에서 고뇌하고 방황하는 이들에게 삶의 활로(活路)를 보이고자 사바를 활동의 무대로 삼았던 것이다.

"사바세계를 무대 삼아 연극 한바탕 멋있게 잘해야 한다."

이 말씀은 스님이 가장 즐겨 들려 주셨던 금언(金言)이다. 스님의 깊은 뜻이 여기에 간직되어 있고 모든 법문이 남김없이 들어 있다.

한바탕의 멋진 연극.

'이렇게 사나 저렇게 사나 어차피 한 세상'이라는 사실을 달관하고 기왕이면 적극적인 사고방식을 갖고 성실하게 살라는 말씀이다.

물론 이 삶의 연극을 멋들어지게 연출하는 것이 저절로 이루어지지는 않는다. 그래서 스님은 인간 존재의 특이성이 무엇인가를 분명히 알아야 할 뿐 아니라, 생(生)의 회계를 잘 할 줄 알아야 한다고 누누히 일깨우셨다.

지은 업(業)에 의해 현재의 몸을 받은 인간, 그러나 인간은 다른 중생들과는 다르다. 그 다른 점에서부터 인간은 인간의 설 자리를 찾아야 한다.

"우리 인간을 비롯하여 날짐승·길짐승 등의 모든 중생은 자기가 지은 업대로 살게끔 되어 있다. 그런데 짐승들은 업을 받기만 하지만, 사람은 업을 받는 것과 동시에 새롭게 개척해 가는 능력이 있다. 새는 더워도 깃털을 감싸고 살아야 하지만, 사람은 더우면 옷을 벗어 버릴 수가 있다. 비록 모든 인간이 자기의 잘못으로 인해 곤란을 당하고 걱정근심 속에서 살고 있지만, 한 생각 돌이킬 줄 아는 이 또한 인간이다.

그러므로 지금의 고통을 자세히 관찰하면서 한 생각 돌이켜 볼 줄 알아야 한다. 마음을 비우고 한 생각을 돌이켜 지은 업을 기꺼이 받겠다고 할 때 모든 업은 저절로 녹아 내린다."

또한 스님께서 강조하신 인생의 회계는 나의 남은 여생이 얼마나 되는가를 분명히 계산해 보라는 것이다.

"이 세상 살다가 언제 땅 밑으로 들어가는가? 설령 칠십·팔십을 산다 해도 인생 일도(一度)는 육십이니, 사십 산 사람은 이제 이십년 남았구나, 삼십을 산 사람은 이제 삼십년이 남았구나! 이렇게 회계를 내야 한다. 아무래도 이 몸은 죽어 땅 밑에 들어가서 썩어 없어질 운명. 이 몸을 가지고 헛되이 시간을 보내어서는 안된다. 무엇이든지 남을 위해서 좋은 일을 많이 하고 보살의 행원(行願)을 실천해야 한다."

이렇게 회계를 끝냈으면 멋들어지게 사는 방법을 알아야 한다. 어떻게 해야 이 사바세계를 무대로 삼고 한바탕의 연극을 멋있게 하는 것인가? 춤추고 노래 부르고, 맛있는 음식으로 배를 채우면서 술 마시고 뛰어노는 것이 멋있게 사는 것인가?

비극의 배역을 맡은 명배우는 마음 속의 잡된 생각을 모두 비우고 눈짓 몸짓 그 마음까지도 송두리째 슬픔이 되어 연기를 한다. 그저 우는 체하는 것이 아니다. 그냥 슬픔 그 자체가 되어 눈물을 짓는다. 그렇게 되면 관객들은 따라서 눈물을 흘리고 갈채를 보낸다.

사바에 사는 우리에게도 어디에서나 어느 때에나 배역은 주어진다.

그 배역을 온 몸으로 소화시킬 때 우리의 연극은 멋으로 연결된다.

그러나 물질에 대한 애착, 사람에 대한 지나친 갈망, 사랑과 미움이 마음을 가리고 있기 때문에 우리의 연기는 배역을 이탈할 때가 많다.

스님은 이렇게 설법하셨다.

"사람 아니면 물질 때문에 가슴이 아프고 머리가 아프다. 우리가 사바세계에 나올 때 머리 아프고 가슴 아프려고 나온 것이 아니다. 빈 몸 빈 손으로 옷까지 훨훨 벗고 나왔는데 공연한 탐욕과 망상으로 모든 근심 걱정이 시작되는 것이다. 진실대로, 자기 정성대로 노력하기만 하면 세상은 될 만큼 되는데, 진실도 정성도 모두 놓아버리고 망상이라는 도둑놈에게 붙잡혀 있으니 어떻게 근심 걱정을 하지 않을 수가 있겠는가."

그래서 스님은 일상생활 속의 도둑놈들과 함께 살지 말라고 하셨다. 탐욕과 성냄과 어리석음의 도둑놈, 팔만 사천 번뇌망상과 분별하는 마음의 도둑놈, 이 도둑 때문에 머리가 아프고 가슴이 아파서 사바세계를 무대로 연극 한바탕 멋있게 할 수가 없다고 하셨다. 주인 노릇하는 이 도둑은 쫓아내어야만 한다. 근심 걱정은 오히려 도둑을 도울 뿐이다. 스님은 이렇게 꾸짖는다.

"그렇게 근심 걱정을 할 바에야 무엇하러 사바세계에 나왔는가! 어머니 태중에서 나오지 말든지 할 일이지. 좀 근심스럽고 걱정이 되는 일이 있더라도 다 털어버려라. 기껏 살아봐야 백 년을 더 사는 사람이 드물다. 그러니 언제나 쾌활하고 낙관적인 기분으로 활기찬 생활을 해야 한다. 여지껏 생활해 온 모든 사고방식과 생활관념에 잘못이 있으

면 텅 비워버리고, 바르고 참되고 활발한 산 정신으로 살아가야 한
다.”

“사바세계를 무대로 멋있게 살아라.”
스님의 참 뜻은 살아있는 정신을 깨우쳐 참 생명을 찾게 하는데 있
었다.

<제1장>

주인공을 찾아서

참된 효도

　스님은 1892년 4월 9일, 경상남도 밀양군 부내면 계수동에 있는 광주 김씨(廣州金氏)의 고가에서 아버지 김영규(金榮奎)와 어머니 안동 권씨(安東權氏)로부터 귀중한 생(生)을 받았다. 광주 김씨 집안의 4대 독자로 태어난 것이다.

　아버지는 늦게 얻은 외동아들에 대한 큰 기대 속에서 '나라를 위한 큰 종이 되라'는 뜻으로 용국(鏞國)이라는 이름을 지어주었다. 그러나 용국의 어린시절, 이 나라 전체는 혼란 속에 휩싸여 있었다. 동학혁명·갑오경장·청일전쟁·노일전쟁 등의 시절인연(時節因緣)이 사회를 불안하게 물들이고, 일본의 침탈 야욕이 온 나라의 인심을 뒤숭숭하게 만들어버리자, 티없이 어린 마음도 이 세상을 고해(苦海)의 빛깔로 받아들이기 시작했다.

　그리고 어린 시절, 마을 앞을 지나는 낙동강에서 동무들과 멱을 감던 용국은 강한 물살에 휩싸였다. 용국은 손발을 휘저으며 살기 위해 몸부림쳤으나, 기운은 점점 빠졌고 의식은 가물거리기 시작했다. 다행히 그 위급한 현장을 목격한 장정에 의해 살아나기는 하였지만, 죽음의 그림자는 그 뒤 계속해서 용국의 머리 속에 남아 있었다.

7세가 되자 용국은 공부를 시작했다. 밀양군 서부리에 있는 한문사숙(漢文私塾) 죽하재(竹下齋)에 입학하여 한학자 강달수(姜達壽) 선생으로부터 타고난 총명을 인정받았고, 13세 때에는 사서삼경(四書三經)을 모두 배워 마쳤다.

그러나 15세 때인 1906년 8월 4일, 그토록 사랑하던 어머니가 다시는 돌아올 수 없는 세계로 떠나갔다. 한창 새로운 눈으로 세상을 보기 시작할 나이, 어머니의 죽음은 온 세상을 잿빛으로 바꾸어 놓았다. 용국은 어머니가 죽어야 하는 까닭을 알 수가 없었다.

왜 인간은 죽어야만 하는가?

왜 사랑하는 사람과 헤어져야만 하는가?

인생 자체에는 어찌 이토록 모순이 많은가?

모든 것이 의문이었다. 어머니의 죽음은 그에게 인간이 지니고 있는 피할 수 없는 근본 문제를 처음으로 생각하게 했다. 적어도 용국은 어머니가 죽어서 간 곳을 알고 싶었다.

"사람이 죽으면 영혼은 어디로 가는가?"

그러나 아무리 궁리를 하여도 그 의문은 풀리지 않았다. 오히려 죽음의 문제를 생각하면 생각할수록 생명과 결탁되어 있는 죽음의 어둠은 용국을 더욱 괴롭혔고, 자신의 존재가 너무나 초라해 보일 뿐이었다. 마침내 용국은 '생사를 초월하는 방법이 불가(佛家)에 전해지고 있다'는 어느 스님의 말을 듣고, 삶과 죽음의 문제를 풀기 위한 출가(出家)를 결심하였다.

1907년 6월 9일, 용국은 누님의 권유로 양산 통도사로 가서 성해선사(聖海禪師)에게 출가의 뜻을 밝혔고, 그가 범상치 않은 법기(法器)임을 느낀 성해선사는 그 자리에서 출가를 허락하였다.

그 해 10월 30일, 용국은 정석(靖錫)이라는 법명(法名)과 함께 청호화상(清湖和尚)을 계사(戒師)로 삼고 사미계(沙彌戒)를 받았다. 불살생(不殺生)·불투도(不偸盜) 등 사미가 지켜야 할 열 가지 계율을 받은 그 날, 계사인 청호화상은 세 번을 거듭 물었다.

"계를 범하지 않고 잘 지키겠는가?"

"잘 지키겠습니다(能持)."

스님은 세 번을 거듭 답하면서 마음 깊이 다짐을 했다.

"부모 친척 다 버리고 출가를 하였으니 중노릇 잘못하면 부모한테도 불효요 부처님에게도 불효를 짓는 것이다. 공부를 잘해서 두 집안 모두에 효도해야 한다. 효도해야 한다……."

중생계가 다할지라도

1908년 3월, 스님의 자질을 아까워한 성해선사는 통도사에서 설립한 명신학교(明信學校)에 입학시켜 신식공부를 배울 수 있도록 하였다. 그런데 이 소식을 들은 오촌 숙모가 찾아와서 굳이 학교에 가는 것을 만류하였다.

"신식학교에서 공부한 사람은 난리가 났을 때 선봉장에 세운다는 소문이 파다하다. 절대로 다니면 안된다."

당시 나라의 주권은 일본에게 빼앗기기 직전이었고, 곳곳에서 의병들의 항쟁이 일어나고 있었던 때였으므로 이와같은 만류는 오히려 당연한 것이었는지도 모른다. 그러나 스님은 그와같은 이유 때문에 신식학교를 다니지 말아야 한다는 것이 뜻에 맞지 않았다.

"선봉장에 서서 나라를 구하고 죽으면 그것 또한 좋은 일 아닙니까? 한번 죽으면 그 뿐인 것을!"

스님은 학교에 다녔다. 그리고 열심히 신식학문을 익혔다. 1910년 명신학교를 졸업하였을 때에는 일본의 중학교와 대학에 들어가서 불교공부를 제대로 해 보고 싶다는 생각이 강하게 일어났다. 그러나 은사인 성해선사와 구하사형(九河師兄)은 절에서 공부하면 된다며 극구 만류하였다.

그렇지만 스님의 향학열은 좀처럼 가라앉지 않았다. 그래서 은사스님께 명신학교에서 배운 실력으로는 어려운 불경을 해독하기에 너무나 부족하므로 꼭 일본 유학을 보내 주었으면 한다는 내용의 편지를 한발이나 썼다. 그런데 편지를 본 은사와 사형은 정반대의 반응을 보였다.

"정석아, 이 편지를 진정 네가 쓴 것이냐?"

"그렇습니다."

"진정 네가 썼더란 말이냐?"

"예."

"이 편지를 쓴 한문 솜씨라면 못 볼 불경이 없겠구나."

오히려 편지 글 때문에 유학길은 더욱 막히고 말았다.

1911년 사월초파일에 해담화상(海曇和尙)을 율사로 삼고 보살계(菩薩戒)와 비구계(比丘戒)를 받은 스님은 통도사 불교전문강원(佛敎專門講院)에 입학하여 불경을 익히기 시작했다. 대혜선사(大慧禪師)의 《서장 書狀》을 비롯하여 《능엄경》·《대승기신론》·《금강경》·《원각경》 등을 공부하였고, 만해(卍海) 한용운(韓龍雲) 스님으로부터 《화엄경》을 배웠다.

당시 한용운스님은 《월남망국사 越南亡國史》를 나라를 잃은 우리의 입장에 대비시켜 강의하면서 통한의 눈물을 지으셨고, 스님 또한 이 나라 중생을 위해 '내가 과연 무엇을 할 것인가'를 깊이 생각하게 되었다고 한다.

이 무렵 스님으로서는 일본 유학을 가지 못한 불만이 완전히 사라진 것이 아니었지만, 막상 경전을 보면서 불교의 진리를 새기다 보니 크게 발심(發心)이 되었고, '어떻게 하면 이 좋은 진리의 말씀을 널리 퍼뜨릴 수 있을까'하는 생각이 충만되어 갔다.

마침내 스님은 큰 원(願)을 세웠다.

"나는 선재동자(善財童子)처럼 도를 구하고 보현보살의 행원(行願)으로 중생을 제도하리라.

중생계(衆生界)가 다하고 중생업(衆生業)이 다하고 중생의 번뇌가 다할지라도 나의 원은 다하지 아니하며, 허공계(虛空界)가 다하더라도 나의 원은 다하지 아니하리라."

실제로 스님은 평생을 이 원과 같이 사셨고 90세의 고령에도 시자들의 부축을 받으며 법상에 올라가서 법문하셨는데, '내가 이렇게 설법을 할 수 있는 것은 나의 원이 그러하기 때문'이라는 말씀을 자주 들려주셨다.

행방포교(行方布敎)

큰 원을 세운 스님은 강원에서 공부하다가 시간이 생기면 행방포교(行方布敎)의 길을 나섰다. 일터든 장터든 잔치집이든 사람이 많이 모이는 곳이면 어디라도 좋았다. 180cm의 훤출한 키에 지혜를 숨긴 눈과 한일자로 굳게 다문 입, 붉은 가사를 어깨에 걸친 채 한 손으로는 법문의 내용을 묘사한 그림을 걸어놓은 석장(錫杖)을 쥐고, 한 손으로 청아한 방울소리 나는 요령(搖鈴)을 힘차게 흔들면 사람들이 모여 든다. 그러면 스님은 법문 보따리를 풀어 헤친다. 구수한 이야기식으로 시작되지만 마침내는 불교의 깊은 이치를 설파하여 불심(佛心)을 눈뜨게 하는 것이었다.

스님은 그 당시의 이야기를 이렇게 들려 주셨다.

"스무살이 조금 넘었을 무렵, 나는 포교를 위해 생명을 달고 온 동네를 다니면서 설법을 했다.

어떤 때는 이런 일도 있었다. 이무기·뱀·쥐·코끼리·칡덩굴 등을 그린 울긋불긋한 '안수정등(岸樹井藤)'이라는 그림을 막대기에 걸어 놓고 요령을 마구 흔들면, 무엇인가 싶어서 어른 아이 할 것없이 들판에서 일하던 일꾼까지 쫓아온다.

그래서 그 사람들을 모아 놓고 법문을 하였다. 가을이라 곡식도 커두어야 하고 할 일은 많은데, 어느 승려가 와서 울긋불긋한 것을 걸어 놓고 요령을 흔드니 그것을 구경한다고 일이 잘 되지 않거든. 그러니 주인이 와서 사정을 한다.

'대사님! 그만하고 가 주십시요. 말씀 다 들으려 하다가는 일을 못하겠소.'

그러면 모르는 체하고 비켜 주기도 했다.”

행방포교 당시 스님이 가장 많이 들려 주셨던 안수정등의 법문. 이를 요약하여 함께 살펴보자.

한 사나이가 가없이 넓은 벌판을 걸어가고 있었다. 평화로운 듯하면서도 묘한 분위기가 풍기는 벌판이었다.

그런데 갑자기 사방으로부터 사나운 불길이 일어나 그는 불 속에 포위되고 말았다. 당황하여 어쩔 줄 모르고 있는데 불현듯 미친 코끼리 한 마리가 나타나 잡아 먹을 듯이 사납게 덤벼드는 것이 아닌가? 그는 황급히 도망을 치다가 눈 앞에 나타난 큰 나무 위로 죽을 힘을 다해 올라갔고, 코끼리는 나무 위를 쳐다보면서 그가 내려올 때만을 기다리고 있었다.

시간이 지나자 사나이는 배가 고프고 갈증이 나서 견딜 수 없었다. 그는 탈출할 길을 찾았다. 마침 나무에 얽혀 있는 칡덩굴이 아랫쪽의 크고 깊은 우물로 드리워져 있었다. 그는 위험을 무릅쓰고 칡덩굴에 매달렸고, 차츰 아래로 내려가서 우물 속으로 들어갔다.

그러나 우물 속에는 용이 되려다가 뜻을 이루지 못한 이무기 세 마리가 떨어지면 잡아 먹겠다며 큰 입을 벌리고 있었고, 우물가에는 독사 네 마리가 혀를 날름거리며 잔뜩 노려보고 있었다.

식은땀을 흘리면서 목숨줄인 칡덩굴에 꽉 매달려 있었지만, 차츰 힘은 빠지고 손은 저려왔다. 그나마 빨리 떨어지라고 우물 위쪽에서 흰 쥐와 검은 쥐가 교대로 칡덩굴을 조금씩 조금씩 갉아 먹고 있지 않은가!

'죽었구나' 싶어서 칡덩굴만 잡고 있는데 갑자기 입 속으로 달콤한 액체 한방울이 들어왔다. 고개를 들어 보니 나무 구멍에 벌이 꿀을 쳐서 그 꿀방울이 똑똑 떨어지는 것이었다. 달디 단 꿀은 모든 것을 잊게 하였다. 달콤한 한두 방울의 꿀을 받아 먹는 재미에 인생의 괴로움과 죽음의 두려움을 잊어 버리고 매달려 있었던 것이다.

스님은 오도(悟道) 후에도 이 안수정등의 이야기를 자주 들려 주셨다.

"자, 이 형국이 어떠한가 한번 상상해 보라! 우리가 이 세상에 살면서 온갖 걱정을 하는데, 자식 걱정 돈 걱정 따위는 이것과 비교가 되지 않는다."

안수정등은 인생을 벌판과 나무와 우물과 칡덩굴로 엮어서 만든 이야기이다. 가없이 넓은 들녘에 태어나서 죽음을 향해가는 인생살이. 그곳에는 생로병사(生老病死)의 욕화(欲火)가 사방으로부터 끊임없이 일어나고 있으며, 무상(無常)의 살귀(殺鬼)인 미친 코끼리는 특정한 때를 가리지 않는다.

코끼리를 피해 올라간 나무는 사람의 몸이고 아래의 우물은 황천, 칡덩굴은 목숨이다. 언제나 황천을 향하고 있는 이 몸이 칡덩굴에 의지하여 잠시 목숨을 부지하고 있지만, 탐욕과 성냄과 어리석음의 삼독(三毒)은 세 마리의 이무기가 되어 입을 벌리고 있고, 육체의 구성요소인 지·수·화·풍(地水火風)의 네 마리 뱀은 죽은 뒤 육체의 기운을 다시 회수해 가기 위해서 기다리고 있다. 더욱이 해와 달을 상징하는 흰 쥐와 검은 쥐는 번갈아 가면서 세월을 갉아 먹는 것이 아닌가?

그렇지만 오욕락(五欲樂)의 꿀물은 너무나 달콤하다. 무상이 눈 앞에 가득하지만 달콤한 꿀 한방울 받아 먹는 재미로 생사를 뛰어 넘는 공부를 팽개치고 죽어가는 것이다.

스님의 행방포교. 강원의 학인(學人)으로서는, 20이 갓 넘은 나이로는 감히 하기 어려운 일이었지만 스님은 당당하고 자연스럽게 설법을 했다. 전생(前生)의 원력(願力)과 금생의 원력이 쌓이고 모여서 이렇게 하게끔 한 것이리라.

견성(見性)을 향한 여로

1914년, 스님은 강원을 졸업하고 통도사에서 행정업무를 맡아 보게 되었다. 절집안에서 절밥 먹고 공부했으니 절집안 일을 돌보는 것이 당연한 일일 수도 있지만, 포교사업도 아닌 절 살림을 돌본다는 것이 그렇게 싫을 수가 없었다. 공부를 해서 도를 깨치고 중생을 교화하는 것이 나의 본분이라 생각하니 일이 손에 잡힐 까닭이 없었다. 그저 우두커니 자리만 지키고 있을 뿐, 업무를 익힐 생각조차 하지 않고 지냈다.

일찍이 강원에서 경을 보다가, '그물이 천 코 만 코라도 고기가 걸리는 것은 한 코'라는 구절과 "종일토록 남의 보배를 세어도 반푼어치의 이익이 없다(終日數他寶 自無半錢分)"라는 구절에서 큰 충격을 받은 스님은 강원 일과(日課) 중에도 시간을 쪼개어 아침 저녁 30분씩 좌선(坐禪)을 하였었다. 그런데 이 때 다시 그 구절이 생각난 것이다. 스님은 마음 깊이 다짐을 했다.

'자기의 본심을 깨닫지 못하면 만겁(萬劫)의 생사윤회(生死輪廻)를 면치 못하고 속가(俗家)와 불가(佛家)에 죄만 지을 뿐이다. 나도 이 제부터는 일대사(一大事)를 결정지을 참선공부를 하리라.'

분발심을 일으킨 스님은 은사와 사형에게 참선공부를 하러 가겠다는 뜻을 밝혔다. 대답은 한결같이 '안된다'는 것이었다. 그러나 마음은 이미 정해져 있었다.

'36계 중에서도 주(走)자가 제일'이라고 하면서 참선공부하러 간다는 내용의 편지를 은사와 사형의 방에 남겼다. 그리고 불사리탑(佛舍利塔) 앞에 나아가 '일대사(一大事)를 해결하겠다'는 서원(誓願)을 세웠다.

1915년 3월 31일, 걸망을 챙긴 스님은 금방이라도 쏟아질 듯한 별빛을 받으며 통도사를 떠났다.

"통도사야 잘 있거라. 나는 공부하러 간다."

혼잣말을 허공에 남기고 밤새 걸어 양산 내원사(內院寺)로 가서 당대의 고승 혜월(慧月) 선사를 뵈었다.

"어찌하여 왔노?"

"참선공부하러 왔습니다."

"그 기특하구먼."

그러나 천진도인(天眞道人) 혜월노장은 《선문촬요 禪門撮要》를 펼쳐 놓고 전문 강사들도 잘 새기지 못할 문장을 가리키며 새겨보라고 하였다.

"잘 모르겠습니다."

"있는 것도 아니고 없는 것도 아니거든."

참선을 배우고 싶었던 스님은 자상히 가르쳐 주지 않는 혜월노장의 태도가 불만스러웠다. 그리고 혼자 생각하였다.

'노장이 무식해서 사람 지도하는 방법을 모르는구나. 여기 있은들 공부는커녕 통도사로 잡혀가기 십상이니…….'

스님은 내원사에서 하룻밤을 머물고 가야산 해인사로 갔다. 해인사의 선원 퇴설당(堆雪堂)은 하루종일 햇볕이 드는 양명(陽明)한 참선 도량으로서, 제산(霽山) 선사가 조실(祖室)로 있었다. 그곳에서 스님은 피나는 정진을 했지만 졸음과 망상(妄想)은 쉽게 물리칠 수가 없었다. 망상이 죽 끓듯 하지 않으면 졸음이 밀물처럼 밀려오는 것이었다. 그야말로 죽을 지경이었다. 당시 정진할 때의 모습을 스님은 뒷날 이렇게 회고했다.

"어찌나 심하게 졸음이 오고 망상이 일어나던지 공부가 잘 안되더라. 혼침(昏沈)과 산란(散亂)을 끊기 위해 기둥에다 머리를 받기도 하고 허벅지를 멍이 들도록 꼬집고 얼음을 입 속에 물기도 하였다. 그러나 그것도 그때 뿐이었다.

'전생의 업장(業障)이 얼마나 두텁기에 앉으면 졸고, 졸지 않으면 망상에 빠지는가?'

생각할수록 한심하여 장경각(藏經閣) 뒷산에 올라가서 여러 차례 울기도 하였고 고함도 쳐보았다. 다리를 뻗고 울던 그곳을 얼마 전에 가 보았더니 풀만 무성하고 뻐꾸기 소리만 뻐꾹뻐꾹 나더라……."

졸음과 망상을 쫓기 위해 얼음을 물거나 머리를 부딪치는 방법을 쓴 것은 옳은 지도자를 만나지 못했기 때문이라고 후회하면서, 후학들에게는 이렇게 하지 말 것을 이르시곤 했다. 스님이 일찍 치아를 버리신 것은 이 때 얼음을 많이 물어서 풍치가 생겼기 때문이었다.

하지만 졸음을 이기지 못하는 수좌들에게 가끔씩 '울어라'는 말씀을 하시곤 했다. 간절한 마음으로 자기 극복을 위해 흘리는 뜨거운 눈물이야말로 묵은 업장을 녹이고 공부를 돕는 참눈물이라고 일깨워 주셨다.

그러나 그토록 열심히 정진했던 퇴설당 선원에서도 스님은 떠나가야만 했다. 통도사로부터 돌아오라는 편지가 끊이지 않았기 때문이었다.

한세상 안 태어난 셈치자

잦은 편지에도 스님은 통도사로 돌아갈 수가 없었다. 이제 겨우 공부의 기틀이 잡힐 듯한데 또다시 통도사에 머물면서 행정을 맡아보거나 불경을 배운다는 것이 마음에 차지 않았기 때문이다. 더욱이 스님이 해답을 얻어야 할 마음 속 의혹은 너무나 큰 것이었다.

인생의 4대 의혹.

자기가 자기를 모르니, 이 몸을 끌고 다니는 주인공이 무엇인가?

뚜렷이 밝고 지극히 신령한(昭昭靈靈) 이 마음자리가 어디에 있다가 부모의 태중으로 들어간 것인가?

죽으면 어디로 가는가?

죽는 날은 언제인가?

아니, 이 네 가지 의혹 중에서 뒤의 셋은 마다 하더라도 참된 주인공이 무엇인지는 알고 싶었다.

하루 세끼 밥 먹으면서도 밥 먹는 놈을 모르지, 하루종일 걸어도 걷는 놈을 모르지, 하루종일 보아도 보는 놈을 모르지, 하루종일 소리를 들어도 듣는 놈을 모른다. 듣는 것이 무엇이고 말하는 것이 무엇이냐고 되물어도 그저 '모르겠다'는 메아리뿐이다. 매일매일 이 놈을 쓰면서도 모른다고 하니 점점 가슴이 답답해져 왔다.

상식으로야 입이 밥을 먹고 다리가 걷는다고 할 수도 있다. 그렇다면 죽은 송장도 다리가 있으니 걸을 수 있고 눈이 있으니 볼 수 있을 것이 아닌가. 송장은 볼 수도 들을 수도 걸을 수도 없다. 무엇인가 분명히 보고 듣고 걷게 하는 놈이 있는데 그것이 무엇인가를 알아야 할 것이 아니겠는가!

스님은 공부를 철저히 하고 싶었다. 생명을 걸고서라도, 아니 한세상 안 태어난 셈치고 이 몸 끌고 다니는 주인공을 기필코 밝혀 내고자 하셨다. 그리고 기왕 시작한 공부의 끝을 보고 싶었던 것이다. 오도(悟道) 한 뒤 스님은 이때의 심정을 술회하여, 용기를 잃는 후학들에게 끝을 향한 고삐를 늦추지 말 것을 간곡히 당부하시곤 했다.

"날이 훤하게 새자면 다시 캄캄해졌다가 밝아지듯이 수좌가 공부하는 것도 이와 같은 것이다. 초목이 추운 겨울에는 꽁꽁 얼었다가도 봄이 오면 다시 잎이 나고 꽃이 피는 것처럼, 우리 수도인들도 뼈를 갈고 힘줄이 끊어지는 듯한 고통을 참아가며 피나는 노력을 해야 온 누리 속에서 홍일점(紅一點)과 같은 찬연한 진리의 광명을 얻을 수 있다.

바다는 온갖 시냇물과 작은 물줄기가 강으로 합해진 뒤에 이루어지고, 하늘도 맑은 공기가 충만해서 새파랗게 보이는 것이지 본래 하늘에 푸른 것이 있는 것은 아니지 않은가. 우리가 공부할 때도 졸지 않으면 망상에 시달리게 되지만, 물방울이 비록 작으나 모이고 합쳐져서 큰 바다를 이룬다는 것을 알고 꾸준히 공부하지 않으면 안된다.

석가여래가 별다른 이인가! 자기도 장부요 나도 그러하니 용기를 내어서 하면 못 이룰 것도 없는 것이다."

사찰의 행정업무를 맡아 밥 빚을 면하는 업(業)을 짓기보다는, 불경을 보면서 종일토록 남의 집에 있는 보배를 헤아리기보다는, 스스로의 자성(自性) 자리를 찾아 근본 문제를 해결하고자 했던 것이다.

마침내 통도사에서는 해인사 장경각을 지키는 순사에게, 스님이 사무 인계도 하지 않고 달아났으니 붙잡아서 보내 줄 것을 부탁했다. 순사로부터의 압력을 받게 되자 스님은 다시 36계 중 제일이라는 '달아날 주(走)'자를 챙겨 걸망을 지고 김천 직지사로 향했다.

"다리야, 어서 가자!"

누더기 옷에 다 떨어진 모자를 쓰고 직지사를 들어서는데, 방에 있던 만봉(萬峰) 선사가 뛰쳐나와 춤을 추면서 크게 반겼다.

"공부하는 중이 오는구나, 공부하는 중이 왔구나."

만봉스님은 걸망을 받아 들고 방으로 데려가서 새 옷을 입게 하고는, 땀내 나는 헌 옷을 손수 빨아주기까지 하였다.

참된 중노릇

그때 만봉선사는 스님을 황악산 태봉(胎峰)으로 데리고 가서 한 편
의 이야기를 들려 주었다.

옛날, 영감 죽은 과부가 외동아들과 함께 살고 있었다. 모자(母子)
만의 생활이었지만, 어머니의 지극한 정성과 아들의 극진한 효성은 그
들의 마음을 언제나 넉넉하게 만들었다. 아들의 나이 15세가 되었을
때 어머니는 간곡하게 아들의 출가를 권하였다.

"여기서 세월만 먹고 살기보다는 훌륭한 고승이 되어서 죽은 아버
지를 극락왕생하게 천도해 주고, 박복한 이 에미도 제도해 주면 그것
보다 더 큰 효도가 어디 있겠느냐."

아들은 중이 되었다. 그러나 절에서의 생활도 크게 다를 바가 없었
다. 두 해가 지나서 어머니는 아들을 찾아갔다. 공부는커녕 놀기만 하
는 아들을 보고 어머니는 크게 노하였다.

"부모의 천도나 제도는커녕 스스로도 구제 못할 땡추같은 놈아!"

아들을 꾸짖으며 호되게 매질을 한 어머니는 차려주는 밥도 먹지 않고 가버렸다.

'어떻게 해야 중노릇 잘하는 것인가?'

곰곰이 생각하던 아들의 눈에 죽은 영혼을 천도하고 각종 불공(佛供)을 집전하는 의식승(儀式僧)이 고승의 모습으로 부각되었다. 아버지의 천도를 염두에 두면서 그날부터 십년 동안 각종 범패(梵唄)와 영산작법(靈山作法) 등의 의식을 익혔다. 어느날 큰 재(齋)를 열게 되자 아들은 어머니를 모셨다. 큰 고깔에 가사·장삼을 입고 영산작법을 멋있게 집전하고 있는데, 어머니가 달려들어 지팡이로 아들을 사정없이 내리쳤다.

"이놈, 천도·제도해 달랬더니 무당노릇 하려고 절에 들어 왔느냐!"

'참된 중노릇이란 어떻게 하는 것인가?'

다시 며칠을 생각하다가 설법 잘하는 강사(講師)가 되어야 겠다는 결심을 하고 일류 강사스님을 찾아갔다. 《초발심자경문》부터 《화엄경》까지를 모두 배워 마치고 이름있는 강사가 된 뒤, 아들은 다시 어머니를 모셨다. 제자들을 데리고 절 입구까지 나가서 극진히 환영하여 모셨지만, 막상 불경을 가르치는 아들을 본 어머니는 서리 낀 얼굴이 되어 유혈이 낭자하도록 때렸다.

"글 배우고 글 가르치려면 속세에서 할 일이지 무엇하러 절에까지 와서 야단이냐!"

'십년의 범패공부, 십년의 불경공부가 모두 헛된 공부.라니? 무엇이

문제인가?'

방문을 걸어 잠그고 요기조차 거절한 채 며칠 동안 고민하던 아들은 《전등록 傳燈錄》과 《선문염송 禪門拈頌》을 펼쳐보았다.

'아하! 중노릇 잘하는 법이 바로 여기 있었구나.'

아들은 '자성자리 찾는 것이 참된 공부'라는 것을 깨닫고, 먹을 것과 낫 등을 준비하여 깊은 산 속으로 들어가 버렸다.

1년이 지난 뒤 어머니는 소식이 끊어진 아들을 만나기 위해서 절을 찾았다. 제자들로부터 식음을 전폐하고 혼자 있더니 산 속으로 가버리더라는 말을 들은 어머니는 그날부터 어디엔가 아들이 있을 그 산 속을 찾아 헤매기 시작했다. 어머니는 이 골짜기, 저 골짜기, 깊은 산 구석구석 수도할 만한 곳을 샅샅이 찾아다녔다.

몇 달을 찾아 다니다가 개울물에서 세수를 하고 일어나는데, 작은 모래밭에 사람의 발자국이 찍혀 있었다. 발자국을 따라 조금 올라가니 띠풀로 엮은 거적이 덮힌 굴이 보였다. 거적을 걷고 굴 안을 들여다보니 산발한 머리에 누더기를 걸친 채 가부좌를 하고 앉아 있는 사람이 있었다. 얼굴에는 땟물이 흐르고 피골이 상접하여 볼품은 없었지만 틀림없는 아들이 아닌가!

어머니는 아들에게 와락 달려들어 목을 안고 통곡하였다. 선정(禪定)에 잠겨 있던 아들은 어머니의 울음소리가 귀를 울리는 바로 그 순간에 도를 깨쳤고, 어머니는 선정에 잠겨 있던 아들이 눈을 뜨는 순간 그 눈에서 뿜어나오는 형형한 안광(眼光)을 보고 도를 깨쳤다. 모자가 함께 도를 깨친 것이다.

이야기를 끝낸 만봉선사는 스님의 손을 꼭 잡으면서, '이제 발심이 제대로 되었으니 변치 말고 제발 공부 잘 해 줄 것'을 거듭거듭 당부하였다. 짤막한 도담(道談) 한 편과 한마디의 격려였지만, 스님은 만봉선사에 대해 감사하는 마음이 절로 생겨났다.

'감사하다'는 생각과 함께, '나도 참되이 중노릇을 하여 기필코 도를 깨치겠다'는 결심이 더욱 굳게 자리를 잡았고, 온 몸에는 새 기운이 가득 채워지는 듯하였다.

그리고 스님은 이 한 편의 이야기를 들려 주며 참된 중노릇을 당부했던 만봉스님과의 인연을 소중히 하였다. 훗날 이 만봉선사에 대해 죽음 뒤의 마지막 손길까지 아끼지 않았던 것이다.

내원사 주지를 맡았던 만봉선사는 노환이 깊자 통도사 보광선원(普光禪院)에 와서 죽기를 원하였고, 만봉선사가 입적하자 스님은 다비(茶毘)를 손수 치르고 선사의 남은 식솔까지 보살펴 주었다.

해담화상과 더불어

　스님은 직지사에서 남천선사(南泉禪師)의 지도를 받으며 한 철 수행하다가, 우리나라 제1의 선원으로 손꼽히는 금강산 마하연선원(摩訶衍禪院)과 함경도 석왕사의 내원선원(內院禪院) 등으로 옮겨 '이 몸 끌고 다니는 주인공'을 찾기에 골몰하였다.

　낮이나 밤이나 주인공 찾는 일에 매달리다 보니 그토록 치성을 부리던 망상과 졸음이 차츰 물러갔고, 공부가 이루어지지 않는 데 따른 조급증도 사라지면서 마음이 차분하게 가라앉았다.

　공부가 차츰 순일(純一)하게 이루어지자, 스님은 1916년 여름 통도사로 돌아와서 은사이신 성해선사 앞에 무릎을 꿇고, 허락없이 통도사를 떠난 허물과 '되돌아 오라'는 명을 어긴 데 대한 벌을 내려주십사고 청하였다. 그러나 은사스님은 한마디의 꾸중도 하지 않고, 큰 절에서 200여m 떨어진 안양암으로 데려가 금족령(禁足令)을 내렸다.

　"네 잘못은 스스로가 잘 알 것이야. 오늘부터 별 말이 있을 때까지 이 암자에서 한걸음이라도 벗어나서는 안된다. 그토록 정진하는 것이

원이었으니 어디 한 번 죽도록 해보아라. 한 목숨 걸어 놓고 실컷 원없이 해보아라."

경허(鏡虛) 선사가 서산 천장암에서 문을 걸어 잠그고 수행하였듯이, 누구에게나 안목을 열어주는 소중한 시절인연은 있기 마련이다. 스님의 가장 값진 수행시절 또한 바로 이때였다.

안양암에서의 생활은 그야말로 참선수행의 절정기가 되었다. 밥 먹는 시간 외에 스님의 하루는 온통 좌선으로 이어졌다. 눕지도 않았고 잠을 자지도 않았다. 오직 화두삼매(話頭三昧)에 젖어들어 밤낮을 잊고 있었다. 이 때 스님은 득력(得力)을 한 것이다. 수행에 있어 불퇴전(不退轉)의 힘을 얻은 것이다.

스님에게 내린 성해선사의 벌이야말로 가장 축복된 선물이 아닐 수 없었다.

그리고 또 하나의 소중한 일은 당시 안양암 선원의 조실(祖室)로 계시던 해담화상(海曇和尙)과의 인연이었다.

증곡당(曾谷堂) 해담화상.

이 분은 오늘날의 우리에게는 매우 생소하게 느껴지는 스님이다. 그러나 스님은 깊은 수행과 도력으로 불교계를 지도했던 일제시대의 대표적인 고승 중 한 분이다.

스님은 달성 서씨(達城徐氏) 옥윤(玉潤)과 밀양 박씨를 부모로 모시고 1862년(철종 13) 4월 28일에 태어났다. 어릴 때부터 총명이 남달리 뛰어나고 학문에 특별한 재주가 있었으나, 12세에 찾아든 알 수

없는 병은 그 어떤 명의(名醫)도 고치지 못하였다. 19세 되던 1880
년, 양산 통도사로 출가하여 춘담(春潭) 장로의 제자가 된 스님은 관
세음보살의 명호를 지성으로 부름으로써 그토록 지독했던 악질(惡疾)
을 완전히 물리칠 수 있었다.

이 가피에 스님은 평생 관세음보살의 성스러운 이름을 잊지 않고 살
것을 다짐하면서 1883년 소백산 용문사(龍門寺)의 용호(龍湖) 스님
을 찾아가 불경공부를 시작하였다. 10년 동안 한 스승을 모시고 불교
의 진리를 깊이 탐구한 다음, 스님은 의성 고운사(孤雲寺)로 자리를
옮겨 참선 수행에 몰두하였다. 이때 스님은 당대의 대도인(大道人) 수
월선사(水月禪師)의 지도를 받았고, 1894년 33세의 나이로 수월선사
의 법맥(法脈)을 이어받았던 것이다.

이듬해인 1895년 11월, 통도사로 돌아온 스님은 통도사 금강계단에
서 기도한 지 7일만에 사자좌(獅子座)에 앉아 광명을 나투며 설법하
는 삼신불(三身佛)로부터 진리의 법문을 듣는 현몽(現夢)을 얻었고,
1897년 7월 15일에는 중국 법원사(法源寺) 황계계단(皇戒戒壇)에서
대승과 소승의 계법(戒法)을 전수받고 통도사로 온 승림율사(勝林律
師)로부터 율맥(律脈)을 이어받았다. 이후 스님은 여러 곳의 계단(戒
壇)에서 3천 여명에게 계를 주었는데, 경봉스님도 1911년 사월초파일
의 수계식 때 스님을 계사로 모시고 보살계와 비구계를 받았던 것이
다.

또한 스님은 통도사 서향각(西香閣)에 기거할 때 마음의 향을 피우
면서 묵묵히 기도한 결과 법을 연설함에 있어 걸림이 없는 언설변재
(言說辯才)를 얻었는데, 당시의 꿈에 16나한전으로부터 눈썹이 흰 노

스님이 그릇에다 꿀물을 담아 가지고 와서 마시게 하였다고 한다. 이후 스님은 걸림없는 말솜씨로 법문하였고, 그곳에는 언제나 수많은 청중이 운집하였다. 특히 《화엄경》을 공부하는 화엄대법회(華嚴大法會)에서 40여회나 설법하였는데, 때로는 방광의 상서가 일어났고, 때로는 자장암의 금개구리가 법회장에 나타나는 이적을 보이기도 하였다.

이밖에도 스님은 1929년 선교양종중앙교무원(禪敎兩宗中央敎務院) 7교정(七敎正)의 한 분으로 추대되어 불교계를 이끌었고, 말년에는 통도사 안양암에서 후학들을 지도하다가 1942년 7월 9일에 입적하였다.

선(禪)·화엄(華嚴)·계율(戒律)·염불·기도 등 불교의 모든 공부에 깊은 조예가 있었던 해담화상과 함께하는 스님의 안양암 생활은 남달리 의미있는 것이었다. 스님은 참선 정진하는 여가에 해담화상으로부터 역대조사(歷代祖師)들의 도담(道談)과 염불정진법, 계율에 관한 공부, 《화엄경》의 대의 등에 대해 다시 한번 지도를 받을 수 있었다. 이는 뒷날 스님의 중생교화사업에 큰 밑거름이 되었다.

뿐만이 아니다. 해담화상과는 인간적인 깊은 정의(情誼)를 주고 받았다. 오도 후에도 스님은 큰 일이 있을 때마다 해담화상과 상의하였고, 화엄산림법회(華嚴山林法會)에서 함께 설법하는 등 통도사의 불사(佛事)에도 크게 공헌하였다. 이와같은 깊은 정은 1942년의 해담화상 입적 후에까지 이어졌다.

해담화상의 입적 소식을 들은 스님은 급히 안양암으로 달려가 장례

를 치르는 3일 동안 매일 다비법문(茶毘法門)을 설하였고, 화상의 평
생을 기리는 한 수의 시를 지어 바쳤다.

　　　일생토록 도학을 가슴에 지니고
　　　앉으나 누우나 옛 가풍을 드날렸네
　　　근본으로 돌아가 찾을 수 없는 그 곳
　　　산빛 물색 모두가 둥글게 통하네

　　　　一生道學藏胸中
　　　　坐臥經行扇古風
　　　　返本還元無覓處
　　　　山光水色盡圓通

마산포교사

안양암에 머무르며 좋은 시절을 보낸 지 6개월, 통도사 산중회의 (山中會議)에서는 스님을 경상남도 마산포교사(馬山布教師)로 파견할 것을 결정하였다.

1917년 1월 19일, 바랑을 꾸린 스님은 안양암을 떠나면서 한 편의 시에 고마움과 석별의 마음을 담아 해담화상께 전하였다.

이 암자에 머물러 고락 함께 겪으며
불문의 오묘한 이치 스님과 담론했네
인연따라 가는 길 멀리서 바라보니
구름은 희고 산은 푸른데 달이 한 연못에 담겼네

苦樂同堪住此庵
佛門妙旨與師談
隨緣歸路遙望看
雲白山靑月一潭

비록 나이가 30세 밑이요 6개월의 짧은 기간을 함께 있었지만, 지혜
가 남다르고 기상이 빼어난 경봉스님을 떠나보내는 것이 해담화상으
로서도 못내 서운했다. 경봉스님의 시를 받은 해담화상은 즉시 붓을
들어 송별시를 지었다. 제목은 '송별경봉행방포교(送別鏡峰行方布敎)'.
연령을 초월한 지기(知己)가 포교대열에서 헤쳐나가야 할 갖가지
고난을 깨우친 시이다.

　　비록 서로 떠나 천리 밖에 살지만
　　취향이 같으니 한 방에 앉아 이야기하는 듯
　　누가 알랴 봄바람에 취해 춤추는 곳에
　　산은 만층봉이요 물은 만 연못임을

　　　雖有分居千里外
　　　趣同一室坐相談
　　　誰知醉舞春風末
　　　山萬層峰水萬潭

마산 합포성(合浦城) 서쪽의 학령(鶴嶺) 기슭에 있는 마산포교당에
이르렀을 때, 스님의 자신감은 충만되어 있었다. 마음의 보배칼이 녹
슬지 않고 찬란하다면 두려울 것이 없고, 지혜의 달이 영롱한 이상은
포교하지 못할 이가 없기 때문이었다.
　스님은 언제나 기쁜 마음으로 신도들을 맞이하였고, 계행을 철저히
지키면서 알아듣기 쉬운 언어로 열심히 설법하였다. 갈수록 스님을 믿

고 귀의하는 신도들이 늘어나자, 스님은 포교당에다 선원(禪院)을 열고 수시로 수계식(受戒式)을 개최하여 신도들을 참 불자의 길로 이끌어 갔다.

또한 스님은 신도들과 합심하여 포교당 법당 앞에 믿음과 정성을 모은 삼층석탑을 세우고, 석탑의 사면에다 불경을 새겨 넣는 독창적인 불사(佛事)를 시도하였다. 그야말로 마산의 불교계는 아직 30세 전인 젊은 수좌(首座) 스님으로 인해 새 활기를 되찾기 시작한 것이다.

스님의 마산포교사 시절, 특기할 만한 또 한가지 일은 독립운동가요 언론가인 장지연(張志淵, 1864~1921) 선생과의 깊은 교유였다.

1905년 11월 17일, 일본에 의해 을사보호조약이 강제로 체결되자 위암(韋庵) 장지연선생은 황성신문(皇城新聞) 1905년 11월 20일자에 〈시일야방성대곡 是日也放聲大哭〉이라는 제목의 글을 써서 일제의 침략과 을사5적을 규탄하고 국민의 총궐기를 호소한 일로 우리에게 널리 알려진 애국지사이다. 그러나 선생은 끊임없는 항일투쟁으로 수없이 감옥을 넘나들다가 일제에 의해 모든 일자리를 빼앗겼고, 1910년의 한일합방 이후에는 왜병의 감시 속에서 유배생활이나 다름없는 나날을 보내야 했다. 그 때 선생이 사셨던 곳이 마산이다.

나라를 빼앗긴 아픔을 달래기 위해 선생은 자주 마산포교당을 찾았고, 마침 포교사로 취임해 온 스님과 만난 것이다.

선생과 스님은 마음이 맞았다.

우선 성품이 단아하고 학식이 해박할 뿐 아니라, 시 잘 짓고 글 잘 쓰고 풍류가 있는 스님과는 말상대가 되었다. 그리고 무엇보다도 스님의 큰 원력(願力)과 깊은 자비심이 그렇게 좋을 수가 없었다.

선생은 스님의 법회에 빠짐없이 참여하여 설법을 들었다. 그리고 수시로 만나 함께 시를 지으면서 나라와 이 땅의 운명을 걱정했고, 나라 잃은 울분을 젊은 선승(禪僧)의 모습을 보며 삭히기도 하였던 것이다.

경봉큰스님의 시화집인 《원광한화 圓光閒話》에는 장지연선생과 스님이 주고 받은 시와 선생이 스님에게 보낸 편지가 있는데, 이를 보면 두 분의 깊은 교유를 충분히 느끼고도 남음이 있다.

이와같은 여러가지 일이 있었던 마산포교당을 스님은 1919년 음력 7월에 떠나야 했다. 양산군에 있는 내원사(內院寺) 주지로 임명되었기 때문이었다.

스님은 한 수의 시를 남기고 도시의 포교당에서 깊은 산중의 사찰을 향해 발걸음을 옮겼다.

보은의 탑 세우니 사람들과 하늘이 찬양하고

향연 풍길 제 종소리 은은하네

모두 함께 불법에 공덕 쌓고 작별하니

오늘 밤 비창한 달 바다 속 봉우리에 걸렸어라

報恩塔出人天讚

漏盡香初不宿鐘

佛地同功終作別

今霄悵月海中峰

양로염불만일회

양산 내원사의 주지를 맡아 2년여 동안 선방(禪房) 수좌(首座)들과 절살림을 돌본 스님은 다시 통도사로 돌아와 보광선원(普光禪院)에서 참선 정진에 몰두하였다.

그러던 어느 날, 함께 공부했던 도반(道伴)이요 안목있는 수좌인 정보우(鄭普雨) 선사가 찾아와서 멋진 제안을 하였다.

"내가 나락 50섬을 낼 것이니 힘을 합쳐서 염불당(念佛堂)을 만들자."

스님은 생각했다.

'통도사 산내(山內)에 이제까지 없었던 염불당을 만들어서 승려와 신도들에게 염불 정진도 하게 하고, 의탁할 곳이 없어서 빌어 먹고 다니는 불쌍한 노인들을 구제하면 그 얼마나 좋은 일인가!'

정진 중이었지만 마음 깊은 곳에서 자비심이 샘솟자 스님은 주저없이 손뼉을 치면서 승락을 했다.

"그래, 하자."

말이 끝나기 바쁘게 스님은 움직이기 시작했다. 설치장소 물색, 운영방법 등을 구체화시킨 뒤, 통도사 산중회의(山中會議)에 상정하여 ‘극락암에 염불당을 만들라’는 허락을 얻었다. 스님과 극락암이 깊은 인연을 맺게 된 최초의 일이었다.

그러나 보우수좌가 약속했던 나락 50섬은 말로만 끝나버렸고, 운영자금이 모자라서 일을 진척시킬 수가 없게 되었다. 결국 신용만 잃은 꼴이 되었지만 스님은 좌절하지 않았다. 오히려 필요한 경비를 마련할 수 있는 일이라면 무엇이든 기꺼이 했다.

먼저 산중에 있는 승려들이 먹고 남은 양식들을 모으는 일부터 시작하였다. 승려들은 한달 양식으로 소두 서말 씩의 쌀을 뒤주에 넣어 놓고 먹는다. 그러나 외부에 나가서 며칠씩 있게 되면 자연히 그 쌀은 남는다. 그것을 모으기 시작하였다. 그리고 통도사 노전(爐殿)에서 염불하는 승려들을 선도하는 직책인 인두(引頭)를 자원하여 모연금과 재위답(齋位畓) 등을 모았다.

시간은 흘러갔다. 어느덧 나락도 50섬이 모였고 논도 1만 2천 평을 마련할 수 있었다.

1925년 3월 10일, 스님은 극락암에 1만일을 기약하는 양로염불만일회(養老念佛萬日會)를 창설하고 회장직을 맡았다. 이렇게 시작된 양로염불만일회는 1940년 10월 27일 백련암(白蓮庵)으로 옮겨졌고, 1953년 1월 1일에 회향(廻向)을 하였다. 창설의 날부터 회향의 그 날까지 스님은 의탁할 곳 없는 불쌍한 이들과, 자기가 자기를 구제할 수 없는 사람들의 제도를 위해 아낌없이 힘을 쏟았다.

“나무아미타불 나무아미타불……”

극락암 법당에서 흘러나오는 낭랑하고 간절한 염불소리는 만일회에 참여한 사람이나 법당 밖에서 듣는 이로 하여금 극락정토에 태어나고자 하는 소망을 불러 일으켰고, 스님은 염불을 하는 중에도 자성미타(自性彌陀)의 자리를 찾는 일에 게을리하지 않았다. 염불하는 주인공을 찾는 일에 몰두하였던 것이다.

나아가 스님은 극락암에 선원을 개설하고자 했다. 극락암을 자성 자리 찾는 근본도량(根本道場)으로 가꾸고 싶었던 것이다.

그러나 당시 극락암 주위에는 영축산 속의 논밭을 갈아 먹고 사는 사람들이 모여 있었기 때문에 선방의 개설이 불가능하였다.

"불사(佛事)를 위한 일이니 절을 비워 주시오."

스님은 좋은 말로 설득도 하고 회유도 했었지만, 그들은 농사 잘 되는 좋은 논밭을 버리고 선뜻 떠나려 하지 않았다. 하는 수 없이 행정당국에 건의해서 떠나게 하였지만, 그들은 또다시 와서 절을 지키는 처사(處士)에게 폭력을 휘두르기까지 하였다.

그때 정보우 선사가 다시 제안하였다. 극락암에서 화엄산림법회(華嚴山林法會)를 열라는 것이었다. 가만히 생각을 해보니 화엄산림법회가 열리면 많은 사람들이 참여하기 때문에 절을 지키는데 어려움이 없을 것이고, 시주도 많이 들어올 것이니 양로염불만일회의 뒷바라지도 힘들지 않을 것이라는 판단이 섰다.

이에 스님은 극락암 화엄산림법회 개최를 위한 동참문(同參文)을 쓰는 등 각종 준비에 착수하였다.

제2장

오도(悟道)

여래선을 깨닫다

1927년 11월 15일, 스님은 법주(法主) 겸 설주(說主)가 되어 극락암에서 화엄산림법회를 시작하였다. 많은 사람들이 왔다. 그때 함께 《화엄경》을 설법한 분은 남달리 해학이 풍부하고 스님의 정진에 각별히 관심을 기울이고 있었던 해담(海曇) 화상이었다.

법문은 시작되었고, 두 스님은 교대로 설법을 했다. 그런데 그 날부터 화두(話頭)가 일념(一念)으로 접어드는 것이었다.

'이 몸 끌고 다니는 주인공이 무엇인가?'

아니, '이 무엇고?'·'무엇고?'로 족했다.

오직 '?' 하나만이 온 몸을 휩싸고 있었다.

해담화상이 법문을 할 때에도 법상(法床) 밑에 앉아 있기는 하였지만 '이 무엇고?'에 몰입되어 있었고, 밤에는 한번 앉으면 날이 새는 것도 모른 채 '이 무엇고?' 화두와 한덩어리가 되었다.

참선을 할 때마다 그토록 치성을 부리던 졸음과 망상은 이미 자취를 감춘 뒤였다. 망상도 졸음도 이때에 이르러 스스로 달아나 버린 것일까? 스님은 그야말로 잠잘 때나 깨어 있을 때나 한결같은 오매일여(寤寐一如)의 삼매에 젖어들었다.

화엄산림을 시작한 지 닷새째 되는 날인 11월 18일(양력 12월 11일), 갑자기 벽이 무너진 듯 시야가 넓게 트이면서 천지간(天地間)에 오롯한 일원상(一圓相)이 나타나는 신이한 경지가 펼쳐졌다. 나와 남, 주관과 객관이 모두 무너진 경계가 하나의 둥근 원으로 표출된 것이다. 그리고 한 수의 게송(偈頌)이 곧바로 스님의 입에서 흘러 나왔다.

천지를 삼키니 큰 기틀이로다
돌 토끼 학을 타고 진흙 거북 쫓아가네
꽃숲엔 새가 자고 강산은 고요한데
칡덩굴 달과 솔바람 뉘라서 완상하리

天地口吞是上機
石兎乘鶴逐泥龜
花林鳥宿江山靜
蘿月松風弄阿誰

이튿날인 19일 아침, 큰 방에서 공양을 하기 위해 바릿대를 펴는데, 갑자기 바깥으로 뛰쳐 나가고 싶은 충동이 용솟음쳤다. 곧바로 펼쳤던 바루를 포개어 얹은 다음 밖으로 나가 극락암 연못 옆의 감나무가 있는 곳에 이르렀는데, 전신이 얼떨떨해지면서 이상한 전류가 온 몸을 감싸는 듯한 느낌이 들었다. 그 순간 스님은 이 몸과 우주가 둘이 아닌 불이(不二)의 경지를 체득하였다.

　스님의 가슴 속에는 밝은 희열이 용솟음치듯 솟아올랐다. 있는 그대로의 세계가 눈 앞에 다가온 것이다. 눈 앞에 전개되는 모든 현상은 마음이 만들어낸 것이고, 그 마음이 바로 평상심(平常心)임을 체험한 것이다. 그리고 모든 존재는 있는 그대로, 자연 그대로 나와 불이(不二)의 관계 속에 있다는 진리를 요달한 것이다.

　다만 미혹(迷惑)에 가려진 중생들과의 차이점은 이 세상을 번뇌없이 갈등없이 생생하고 또렷하게 볼 수 있다는 것이었다. 스님이 일년 뒤의 일지(日誌)에 기록한 것처럼 여래선(如來禪)을 깨달은 것이다. 스님의 입에서는 또다시 게송이 터져 나왔다.

종소리 목탁소리에 급히 문을 나서니

푸른 하늘 바다런듯 구름 한점 없구나

한 빛이 삼천계를 터져 비추니

나와 건곤을 분간하기 어렵구나

鐘鐸方鳴急出門

碧天如海徹無雲

一光圻照三千界

我與乾坤未別分

사람마다 스스로 나아갈 문이 있건만

여러 생을 삼독의 구름 속에 갇혔었네

잠깐 사이에 마음 비워 옛 집에 돌아가니

산하와 범부 성현 어찌 따로 구분하리

人人自有出頭門
三毒多生閉疊雲
一刻心空歸古宅
山河凡聖豈能分

확철대오(確徹大悟)

두 차례의 깨침……. 그러나 그렇게 좋은 경지가 나타났음에도 '이 무엇고' 화두(話頭)에 대한 의심은 완전히 풀리지 않았다. 이를 스스로 점검한 스님은 초저녁부터 좌정(坐定)하여 다시 화두삼매(話頭三昧)에 들었다.

1927년 11월 20일(양력 12월 13일) 새벽 두 시 반경이었다. 바람도 없는데 갑자기 앞에 있던 촛불이 '파파파파' 소리를 내면서 크게 춤을 추었다. 문득 스님은 무릎을 탁 치고 크게 웃으면서 자리를 박차고 밖으로 뛰쳐 나갔다.

'이 무엇고?'

그토록 노력해도 알 수 없었던 의문덩어리가 찰나에 확 녹아버리면서 자성(自性) 자리가 나타난 것이다. 스님은 오도(悟道)의 심경(心境)을 이렇게 읊었다.

내가 나를 온갖 것에서 찾았는데

눈 앞에 바로 주인공이 나타났네
허허 이제 만나 의혹 없으니
우담발라화 꽃빛이 온 누리에 흐르네

我是訪吾物物頭
目前卽見主人樓
呵呵逢着無疑惑
優鉢花光法界流

스님의 오도는 자기를 관념적으로 확인하는데 그친 견성(見性)이 아니었다. 의문에 가득찬 자기 자신을 더 이상 나아갈 수 없는 데까지 몰고 가서 잠시도 자신을 떠남이 없었던 주인공의 참모습을 생생하게 확인한 체험견성(體驗見性)이었다.

이제 스님에게는 주인공에 대한 어떠한 의문도 남아 있지 않았다. 동시에 소년 시절, 어머니의 죽음과 함께 끊임없이 따라 다녔던 인간 존재의 불완전성에 대한 허무감과 생사의 문제를 완전히 요달할 수 있게 되었다. 견성을 한 스님의 주위에는 3천년 만에 한 번씩 피어난다는 대길상(大吉祥)의 꽃 우담발라화가 가득히 피어 있었고 우주 삼라만상에서 보내오는 서기(瑞氣)를 그대로 느낄 수 있었다.

마침내 스님은 조사선의(祖師禪義)를 체득한 것이다. 3일 사이에 하늘과 땅을 삼키는 일원상(一圓相)을 접하였고, 이 몸과 우주가 둘이 아닌 불이(不二)의 여래선(如來禪)을 깨달았으며, 더 나아가 한 점 의혹없이 문자와 사고를 초월한 참 나를 확철대오(確徹大悟)한 것이었다.

깨닫고 보니 모든 것은 너무나 자명(自明)한 것이었다. 중생의 눈과 귀가 미혹으로 짙게 가리워져서 보지 못하고 느끼지 못했을 뿐, 밝고 밝은 법성(法性)의 도량(道場)에 달빛은 언제나 투명하고 바람은 항상 맑아 아무런 일도 없었던 것임을 왜 몰랐던가!

그래서 스님은 인생을 꿈으로 풀었다. "온 누리 중생이 백년을 산다 해도 참 주인공을 보지 못하면 한갓 꿈 속의 잠이라(法界衆生過百年 此心無見夢中眼)"고 하셨던 것이다. 지극한 믿음의 대상이었지만 아득한 곳에 따로이 존재하고 있는 것만 같이 느껴졌던 그 부처님마저도, 어찌 그토록 멀리서 구했는가 싶었다. 이미 달라진 스님의 눈에는 '이름도 나와 같아 눈 앞에 있는(與我同名坐目邊)' 그 부처님을 너무도 역력하게 체험할 수 있었던 것이다.

우리는 여기서 확철대오가 있기까지 스님이 걸어왔던 수행과정을 다시 한번 분명히 살펴보아야 한다. 이는 다른 선사들의 수행과 뚜렷이 구별되는 스님의 특징이기 때문이다.

일반적으로 선을 닦아 도를 깨닫는 선승(禪僧)들은 오로지 참선 수행에만 전력투구한다. 화두(話頭) 하나만을 잡고 피나는 수행을 함으로써 도를 이루는 경우가 대부분이다.

그러나 스님은 그렇지 않았다. 물론 참선을 수행의 지침으로 삼아 열심히 정진하였지만, 이제까지 살펴본 바와 같이 스님은 불경도 열심히 보았고 염불도 게을리하지 않았으며, 선승들이 기피하는 주지직도 기꺼이 맡았고 포교사 노릇도 하였다. 탑을 세우는 등의 불사(佛事)도 하였고 양로염불만일회도 만들었으며 화엄산림법회도 열어 수많은 사람을 교화하였다.

그야말로 부처님이 가르치신 모든 공부를 두루 섭렵하였고, 중생을 위한 보살행을 꾸준히 실천하였던 것이다. 그런데도 스님은 확철대오하였다.

흔히들 참선 수행자는 참선만 해야 도를 깨닫는다고 주장하는 이들이 많지만, 스님은 분명 아니지 않은가.

위로는 가장 완벽한 깨달음을 구하고(上求菩提) 아래로는 중생을 교화하는(下化衆生) 보살행, 이 둘을 함께 실천했던 경봉큰스님.

경봉큰스님이 확철대오의 과정에서 보여주었던 이러한 면이야말로 후세 공부인들이 귀감으로 삼아야 할 매우 소중한 교훈이라 하지 않을 수 없다.

태평가(太平歌)

뒷날 스님은 주인공과의 문답시(問答詩)와 〈태평가 太平歌〉를 지어 확철대오한 경지를 거듭 확인하였다.

[문] 쯧쯧 무정한 나의 주인공아

이제사 만나다니 어찌 이리 늦었노

[답] 하하 우습다 내가 그대 집 속에 있었건만

그대 눈이 밝지 못해 이같이 늦었을 뿐이네

問 咄咄無情我主公

至今逢着豈多遲

答 呵呵我在君家裡

汝眼未晴如此遲

영리한 주인공 주인공아

그대 말이 그러하고 그러하도다

오늘 날씨도 따뜻하고 바람도 화창하여

산은 층층하고 물은 잔잔하며

산꽃은 웃고 들새는 노래 부르니

손을 마주 잡고 태평가나 불러보세

靈利漢主人公主人公

汝言如是如是

今日日暖風和

山層層水潺潺

山花笑野鳥歌

拱手齊唱太平歌

중생들은 이 주인공을 모른 채 살아간다. 그러나 깨달음을 이룬 도인(道人)은 다르다. 도를 깨달은 스님은 단순히 주인공을 알거나 찾는 데서 그친 것이 아니라 주인공과 하나가 되어 마음대로 활용하는 경지에 이르러 있었다.

스님은 뚜렷이 밝고 지극히 신령한 이 주인공을 수시로 불러내었다. 그리고 갖가지 가사를 붙여 흥겹게 태평가를 불렀다.

주인공아 주인공아

태평가를 불러보세

태평가를 불러보세

녹양천변(綠楊川邊) 방초안(芳草岸)에

백우(白牛)를 잡아타고

임운등등 등등임운
마음대로 놀아보세

버들가지 청청이 늘어지고 들꽃이 아름답게 피어 있는 그 언덕에서, 저 설산(雪山)의 신령한 풀 비니초를 먹고 자란 흰 소(우리의 본성에 비유)를 잡아타고 이리 뛰고 저리 뛰면서 마음대로 놀자고 하신 것이다.

자유롭고 걸림없는 도인의 노래 태평가.

매 순간의 생존경쟁과 사람 및 물질에 사로 잡혀 하루하루를 살아가는 중생으로서는 이 태평가의 경지를 이해할 수가 없다. 모든 번뇌의 적을 물리치고 주인공을 자유자재로 활용하며 자유롭게 사는 도인의 경지를 어찌 쉽게 느낄 수 있으랴.

그러나 스님은 사람들에게 태평가를 부르라고 하셨다. 마치 적군이 이 나라를 침범해 왔을 때 대장군이 전쟁터에 뛰어들어 적군을 물리친 뒤 승전가(勝戰歌)를 부르며 귀향할 때처럼, 모든 근심 걱정을 놓아버리고 태평스런 마음으로 태평가를 부르라고 하셨다. 이렇게 스스로가 닫아 놓은 마음의 문을 열어 주인공과 함께 하는 태평가를 부를 때 모든 일은 오히려 더 잘 풀려 나간다고 깨우쳐 주셨다.

모든 이들의 번뇌를 잠재우고 정신을 일깨우기 위해 스님은 깨달음의 노래인 태평가를 즐겨 불렀던 것이다.

이무애변(理無碍辯)

　확철대오가 가져다 준 이무애(理無碍, 진리와 하나가 되어 걸림없는 경지)의 세계는 자재로왔다. 스님의 마음에는 티끌 한 점 붙을 곳이 없었고 사람도 물질도 걸림의 대상이 될 수가 없었다. 출가 20년 만에 맞이한 이 경지를 누구와 더불어 함께 나눌 수 있다는 말인가?

　스님은 춤을 추었다. 달밤에 홀로 삼소굴(三笑窟) 뒤에서 춤을 추었다. 기쁨에 겨워 어깨춤에 발까지 굴리면서 환호를 동반한 춤을 추었다. 그 춤에, 그 환호의 소리에 영축산은 갑자기 살아 움직이기 시작했다. 도인(道人)의 출세(出世)를 기뻐하는 산새의 지저귐 소리는 스님의 신명어린 몸동작에 맞추어 더욱 청아해졌고, 흐르는 물은 부처님의 장광설(長廣說)을 토하였다.

　그러나 범부들은 이해할 수가 없었다. 오히려 스님의 일거수 일투족을 광(狂)의 기운으로 읽어버리는 이들이 많았다.

　확철대오 다음날, 화엄산림법회에 등단한 스님의 설법은 그 전날의 내용이 이미 아니었다. 아니, 《화엄경》을 새기는 스님의 시각이 완전히 달라져 있었던 것이다. 이전까지는 문자에 매달려서 글귀의 뜻을 파악하고 전달하려 했었지만, 이제는 나무에서도 물에서도 돌에서도 흙에서도 화엄의 법문이 끊임없이 펼쳐지고 있었던 것이다.

일이삼사오륙칠(一二三四五六七)
대방광불화엄경(大方廣佛華嚴經)

법문을 하는 스님에게는 설법을 듣는 사람들의 얼굴에 있는 두 눈과 두 귀, 두 개의 콧구멍과 하나의 입을 합친 일곱 문(門)이 곧 대방광불화엄경이었고, 살아 있는 사람의 생활 그 자체가 화엄법문(華嚴法門)이었으며, 우주 삼라만상은 합창을 하면서 끊임없이 화엄경을 설법하고 있었다. 모든 사람의 몸과 마음이 그대로 화엄법계(華嚴法界)요, 본래부터 청정하여 물듦이 없는 자리요, 주객의 분별이 없는 부동지(不動智)의 비로자나불이었던 것이다.

스님은 설법을 시작했다.

온갖 만물이 진여의 몸이요
푸른 산 흐르는 물은 태고의 뜻이다

頭頭物物眞如體
水水山山太古情

화엄경의 도리는 사람마다 낱낱이 자기 몸에 다 있고, 일상생활하는 데 다 있으며, 밥 먹고 옷 입고 보고 듣는 데 있다.

그러나 스님의 그 다음 말씀은 부드럽지 않았다. 평소 같으면 당연히 "남녀 생식기에도 있다"고 할 것을, 이무애(理無碍) 차원의 투박하고 직설적인 표현은 "이 화엄의 도리는 좆에도 있고 씹에도 있다. 화엄경의 도리가!"

스님은 거침없이 사자후를 토했다. 천진난만한 동심(童心)으로 돌아가 있었던 스님은 그와같은 표현이 사람들을 놀라게 한다는 것까지 잊고 있었다.

예로부터 밤잠 안 자고 고생 끝에 도를 깨친 고승이라면 미치지 않은 사람이 없었다고 한다. 인위적이 아니라 기쁨에 겨워 그렇게 될 수밖에 없다고들 한다. 이것을 '깨친 뒤의 나풀거리는 기쁨의 바람'이라고 하는데, 스님은 한창 그 바람 속에 휩싸이고 있었던 것이다.

그러나 사람들의 입을 통하여 '미친 스님'이라는 소문은 퍼져 나갔다. 마침내 육촌형은 자신이 직접 확인한 뒤 정말 미쳤다면 정신병원에라도 데리고 가야겠다는 생각에서 극락암을 찾았다. 하룻밤을 같이 자면서 이야기를 해 본 결과, 스님의 정신이 결코 이상하지 않음을 확인하고 편안한 마음으로 돌아갔다.

"이래서는 안되겠다. 이렇게 하다가는 중생교화도 정법(正法)의 선양도 되는 것이 없겠다."

결심을 한 그 순간부터 스님은 기쁨의 바람을 잠재웠다. 알아듣지도 못할 법문일랑은 함부로 나타내지 않기로 했다.

그뒤 평생토록 스님은 쉽고도 자상하면서 듣는 이에게 가장 적절한 법문을 들려 주셨다. 깨달은 뒤의 기쁨의 바람이 중생제도를 향한 결심으로 잦게 됨에 따라 스님의 법문은 누구도 흉내낼 수 없는 뚜렷한

특색을 띠게 되었던 것이다. 그리고 스님은 그 정열과 힘을 모아 보임(保任)에 전력투구하였다.

보임(保任)

만공선사와의 법문답

대오(大悟)한 스님의 더 큰 위대성은 깨달은 후의 보임(保任)에서 찾을 수 있다. 오도를 흙 속에 묻힌 옥을 찾는 것에 비유한다면 보임은 찾은 옥을 갈고 닦아 빛을 내는 데 비유될 수 있다.

스님은 찾은 옥(玉)의 빛을 완벽하게 발현시키고 정법의 바른 눈 (正法眼)을 점검받기 위해 오도송(悟道頌)과 함께 보임일로(保任一路)를 묻는 글을 써서 만공(滿空)·한암(漢巖)·제산(霽山)·용성(龍城) 등 당대의 선지식(禪知識) 스님들께 보냈다.

그 대부분의 선사들은 스님의 대오(大悟)를 인가하고 축하하는 답장을 보내왔으나, 당대의 제일 고승인 만공선사로부터는 기다리던 답신이 오지 않았다.

얼마 뒤 스님은 서울 선학원(禪學院)에서 만공선사를 만나 오도송과 편지를 받았는지를 물었다. 그 때 만공선사는 진지하게 말씀하셨다.

"그 막중한 일을 어찌 서신으로 전할 수 있겠는가."

"그렇다면 지금 말씀해 주십시오."

"스님의 그 깨달은 경지를 각찰(覺察, 깨달아 살핌) 하시오."

말이 끝나기가 무섭게 스님은 만공선사의 팔을 잡고 엄지 손가락으로 힘주어 눌렀고, 만공선사는 스님을 바라보며 환한 미소를 지으셨다.

10여년의 세월이 흐른 후 통도사 주지를 맡은 스님은 사찰 일로 서울에 가게 될 때마다 총무원이 있는 조계사가 아니라 선학원(禪學院)에 머물면서 고승들과 선문답을 주고 받았다. 한 번은 선학원에 갔을 때 만공선사(滿空禪師)가 순호(淳浩, 靑潭스님의 수좌 시절 법명) 선사와 함께 있었다.

스님이 모자를 벗고 마루 끝에 앉아 신발 끈을 풀고 있을 때, 만공선사는 옆에 있던 여신도를 시켜 장난을 쳤다.

"저기 있는 스님이 통도사 경봉이다. 네가 벗어놓은 모자를 덮어 씌우면서 '풍종하처래(風從何處來 ; 바람이 어느 곳으로부터 왔는가)'라고 물어 보라."

여신도는 죽을지 살지도 모른 채 만공스님이 시키는 대로 했다. 그러자 스님은 즉시 모자를 벗어 여신도의 머리에 씌우면서 말했다.

"풍종하처래요?"

그 깊은 뜻을 알 수 없는 여신도는 얼굴만 붉힐뿐 대답이 없었다. 이번에는 순호수좌의 머리에 모자를 씌우면서 물었다.

"풍종하처래요?"

순호수좌 역시 다급히 모자만 벗어놓을 뿐 대답을 않자, 이번에는 만공선사의 머리 위에 모자를 씌웠다.

"풍종하처래오?"

"스님이 일러 보소."

스님은 만공선사의 팔목을 잡아 엄지손가락으로 한차례 꾹 눌렀다. 만공선사는 크게 웃으면서 말하였다.

"수고했소. 앉으소."

진정 두 분의 선후배 도인이 서로를 인정하는 선문답을 나누었던 것이다.

그리고 만공선사가 금강산 마하연선원(摩訶衍禪院)의 조실로 있었던 1936년, 통도사에서는 학인들이 금강산으로 수학여행을 간다고 하며 주지인 스님께 인사를 드리러 왔다.

"마하연선원에는 만공선사가 계신다. 가는 길에 내 심부름을 한 가지 해 주게."

그리고는 곁에 있는 풀 하나를 꺾어 주셨다.

"이것을 만공스님께 갖다 드리고 이 풀의 이름을 지어 달라고 해라."

학인들이 금강산에 이르러 만공선사를 친견했을 때 선사는 마침 머리를 깎고 있었다.

"경봉 잘 있나."

"예. 스님께서 이 풀을 주시며 이름을 지어 주실 것을 청했습니다"

만공선사는 그 풀을 아무 말없이 받아 머리를 깎던 대야의 물에 살짝 적셔 내었다.

학인들이 통도사로 돌아와 그 사실을 스님께 전하자, 스님은 그들에게 물었다.

"그래, 그것이 답이냐고 물어 보았더냐?"

"아무 말도 여쭈어 보지 못했습니다."

"이런 소경 당나귀 같은 놈에게 심부름을 시킨 내가 잘못이다."

스님은 그 학인을 한 차례 쥐어박으셨다.

이후 몇 년이 흐른 1941년 3월 16일, 조선불교중앙선회(朝鮮佛敎中央禪會) 제2회 정기총회를 열었을 때 스님은 의장으로 선출되어 회의 진행을 맡았고, 그때도 만공선사와 만나 선문답을 나누었다. 그러나 그 내용은 알려지지 않고 있다.

3월 19일, 스님은 경부선 기차를 타고 물금역에 도착하자마자 만공 선사께 편지를 썼다.

어젯밤 장안에서 기적 한 소리를 남기고 떠났는데, 이미 물금에 도착하고 보니 날은 새고 달은 서산에 기울었으며, 동해 바다의 찬란한 아침 태양은 푸른 하늘에서 빛나고 있습니다. 하룻밤 사이에 천리를 달려와 영축산에 도착하였습니다.

이번에 보니 칼을 잡고 상대하는 것이 그야말로 백전노장의 전술 활용이었습니다. 능소능대(能小能大)하게 남의 물건을 훔치는 마음으로 사람에게 칼을 휘둘러 일반 백성들의 발가락이 거의 저 적장의 작은 칼에 상하게 되었으니, 찬양과 칭송을 금치 못하옵니다.

비록 마음 속에 독을 감추고는 있지만 지혜와 재주가 남보다 뛰어났으니, 몇 번이나 사람들을 위해 이와같이 베풀었습니까?

온갖 만물을 맹렬한 불 속에 던져 넣으면 그 모양과 성질이 전부 타 버립니다. 그러나 금(金)만은 불 속에서 더욱 정교해 질 뿐입니다.

만고의 푸른 못에 비친 허공의 달을

여러 차례 건져 보고서야 겨우 알겠습니까

밝은 대낮에 사람을 속이지 마소서   악!

萬古碧潭空界月

再三撈摝是應知

靑天白日莫謾人   噁

이 편지의 뜻이야 도인들만이 능히 알 수 있겠지만, 마음으로 서로 를 인정하고 사모했던 만공선사와 스님의 관계는 그 누구라도 능히 읽 을 수 있으리라.

한암과 경봉

보임의 일구(一句)

스님의 효행상좌 명정(明正) 선사는 1984년 2월에 《화중연화소식
火中蓮華消息》이라는 제목으로 방한암(方漢巖)·김제산(金霽山)·
백용성(白龍城) 선사 등과 스님이 주고 받았던 서신들을 모은 서간집
을 발간하였는데, 그 속에는 오후수행문(悟後修行門)의 영원한 지침
이 될 주옥같은 글들이 수록되어 있다.

특히 이 《화중연화소식》에는 스님과 한암선사와의 지극한 교유와
간절한 보살핌이 매우 잘 나타나 있다. 한암 선사의 은사 석담(石潭)
노장은 스님의 은사 성해(聖海) 노장의 사제였으므로 절집안에서 볼
때 두 분은 사촌 사형제(師兄弟) 관계에 있었다.

《화중연화소식》에는 한암선사가 스님에게 보낸 24종의 편지가 수
록되어 있는데, 내용은 대부분이 선수행(禪修行)에 관한 것이다. 두
분이 비록 16살의 나이차는 있었지만 얼마나 진지하게 서로를 존경하

고 도우면서 선수행에 매진했던가를 잘 살펴볼 수 있다.

당대의 고승 한암 선사는 스님이 보낸 서신과 오도송(悟道頌)을 받고 우러러 찬탄하면서 보임(保任)을 위한 일구(一句)를 주었다.

"보내온 글과 게송 네 글귀를 읽어보니 글이 모두 진지하고 구절구절에 활기가 넘칩니다. 대장부 활달한 남아가 후오백세(後五百歲) 뒤에 출현할 줄을 어찌 기약인들 하였으리오. 우러러 찬탄하여 마지 않으며, 뛸 듯한 기쁨을 무어라 형언할 수 없구려.

이와같이 깨달은 사람의 분상(分上)은 마치 커다란 불덩어리와 같아서 무엇이 닿기만 하면 타버리니, 어찌 한가로운 말과 방편으로 지도할 수 있겠습니까.

그러나 깨달은 뒤의 조심은 깨닫기 전보다 더 중요합니다. 깨닫기 전에는 깨달을 분(分)이라도 있지만, 만일 깨달은 뒤에 수행을 정밀하게 하지 않고 게으름을 피우게 되면 여전히 생사 속에서 유랑(流浪)하여 영원히 헤쳐 나올 기약이 없기 때문입니다.

흔히 옛사람들이 깨달은 뒤에 이름을 숨기고 자취를 감추어 오래오래 성인의 태(胎)를 기른 까닭도 바로 여기에 있습니다. 어쩌다 사람을 대하면 지혜의 칼을 휘둘러서 마군(魔軍)을 항복받았고, 어쩌다 사람이 오면 벽을 보고 돌아 앉았습니다. 그렇게 하기를 삼 사십년, 또는 평생토록 산에서 나오지 않기도 하였습니다.

예전에 상상(上上)의 큰 기틀을 지닌 분들도 그렇게 하였거늘 하물며 말엽(末葉)의 우리들이겠습니까……"

그리고 한암선사는 오후수행(悟後修行)과 관련된 옛 이야기 두 편을 적어 보내면서 자세히 살피고 거듭거듭 생각할 것을 간절히 당부하였다.

1 어느 스님이 귀종화상(歸宗和尙)에게 물었다.

"어떤 것이 부처입니까?"

"네가 곧 부처이니라."

그 스님이 곧 도를 깨닫고 다시 물었다.

"어떻게 보호하여 가지오리까?"

"한 티끌이라도 눈에 있으면 헛 것이 어지러이 떨어지느니라."

2 석공(石鞏) 화상이 마조(馬祖) 선사께 참례하여 법을 얻은 뒤 시봉을 하고 있을 때였다. 하루는 부엌에서 일을 하다가 문득 하던 일을 잊고 망연히 앉아 있는데 마조선사가 물었다.

"여기서 무엇을 하는가?"

"소를 먹이고 있습니다."

"소를 먹이는 일은 어떻게 하는 것인가?"

"한 번이라도 소가 풀밭에 들어가면 고삐를 끌어당깁니다."

"네가 소를 잘 먹일 줄 아는구나."

한암선사는 첫번째 법문에서 '티끌(翳)' 한 자만을 자세히 알면 오도 후의 생애가 자연히 만족스러울 것이라 하였고, 두번째 법문에서는 '끌어당긴다(把拽)'는 두 글자만 알면 오도 후의 생애를 남에게 물을 것이 없다고 하였다. 그리고 한암선사는 옛 조사(祖師)의 방편어구(方便語句)로서 스승과 벗을 삼아 일생의 일을 원만하게 갖출 것을 부탁하였다.

"제일 요긴한 책은 대혜(大慧) 스님의《서장 書狀》과 보조국사(普照國師)의《절요 節要》와《간화결의론 看話決疑論》입니다. 이 활구법문(活句法門)을 항상 책상 위에 놓아 두고 때때로 점검해서 자기에게 돌리면 일생의 일이 거의 어긋남이 없을 것입니다.

…….

만약 한때의 깨달음에 만족하여 오도 후의 닦음을 거두어 버린다면, 영가대사(永嘉大師)께서 '활달한 체 공연히 인과를 무시하고 어지러이 방탕하여 재앙을 초래한다'고 한 말씀처럼 되오니, 간절히 세상 천식배들처럼 인과를 무시하여 죄와 복을 배척하는 이가 되지 마소서. 만약 활구(活句)를 들어 살피지 않고 문자만 볼 것 같으면 의리선(義理禪)에 걸려서 도무지 힘을 얻지 못하며, 말과 행동이 어긋나서 증상만인(增上慢人)을 면치 못하리니 간절히 모름지기 뜻을 두소서."

한암선사의 한평생

한암대선사.

1876년 3월 27일, 강원도 화천에서 태어난 선사는 어릴 때부터 우주와 인간의 근원에 대한 의문이 남달랐다. 9세 때《사략 史略》을 읽다가 태고의 인물이라고 한 '반고씨(盤古氏) 이전에 누가 있었는가'를 스승에게 물었으나 답을 얻지 못하자, 그 의문을 풀기 위해 10년 동안 유가(儒家)의 모든 책을 열람하였다.

그러나 해답을 얻을 수 없게 되자 19세에 금강산 장안사로 출가하여 불경을 배운 다음 참선 정진하였다. 1910년, 35세의 나이로 평안남도 맹산의 우두암(牛頭庵)에서 마침내 대오(大悟)한 스님은 경허(鏡虛) 선사의 법을 잇고 여러 선원의 조실(祖室)로 있으면서 선풍(禪風)을 진작시켰다. 1926년의 어느 날, 스님은 봉은사 조실을 마다하고 홀연히 오대산으로 들어갔다.

"차라리 천고에 자취를 감춘 학이 될지언정 삼춘(三春)에 말 잘 하는 앵무새의 재주는 배우지 않겠노라."

스님은 오대산 중대암(中臺庵)으로 들어가 짚고 다니던 지팡이를 꽂은 다음 열반하신 그 날까지 오대산 산문 밖 출입을 스스로 금하였는데, 그 때 꽂은 단풍나무 지팡이는 스님의 넋인 듯 싹이 트고 가지가 번져 오늘날까지 생생하게 살아서 푸르름을 더하고 있다.

27년을 하루같이 오대산에서 수행승들을 지도하셨던 스님. 스님은 열반 직전까지 정법(正法)을 위해 생명을 아끼지 않았다.

1951년의 1·4후퇴 당시, 오대산이 적의 수중에 들어가기 직전, 이 곳의 지휘를 맡았던 김백일(金白一) 장군은 오대산 안의 모든 사찰을 불태우라는 지시를 내렸다. 월정사를 불태우고 군인들이 상원사로 올라왔을 때, 사찰 대중은 모두 피난을 가 버리고 76세의 한암스님만이 법당에 앉아 절을 지키고 있었다. 절을 소각해야 하니 빨리 나오라는 정훈장교에게 스님은 조용히 말씀하셨다.

"그냥 불을 지르시오. 당신이 군인의 본분에 따라 상관의 명령에 복종해야 하듯이, 절을 지키는 것은 부처님 제자가 마땅히 해야 할 일이오. 나는 내 위치를 지키며 죽을 것이오."

죽음 앞에서도 조금도 자세가 흐트러지지 않는 스님의 법력에 감화된 그 장교는 상부의 명령을 지키기 위한 방편으로 법당 문짝만을 떼어서 마당에 쌓아 놓고 불을 지른 다음 떠나갔다.

그 일이 있은 지 두 달쯤 지난 1951년 3월 초, 한암선사는 가벼운 병에 걸렸다. 병이 난 지 7일째 되는 날 아침, 스님은 죽 한 그릇과 차 한 잔을 마시고 손가락을 꼽았다.

"오늘이 음력으로 2월 14일이지."

오전 10시, 스님은 가사와 장삼을 찾아서 입고 선상(禪床)에 단정히 앉아 입적하였다.

경봉스님은 부산 토성동 경남불교종무원에서 거국적으로 개최한 한암선사 추도제에 참석하여 한 편의 글을 지어 올렸다.

오호라 봄이 오니 풀이 스스로 푸르고 7·7은 원래로 49로다.

선사(先師)여 선사여.

왔나이까 갔나이까.

꽃은 붉고 버들은 푸르도다.

오대산의 나뭇잎은 표표히 떨고 있고, 동구의 맑은 물도 목메인 소리로 잔잔히 흘러간다.

오늘 모인 교도(敎徒) 여러분이 눈물을 머금고 추도하시니 선사의

58년간 수행하신 그 도가 높고 교화하신 그 공이 큰 줄을 알겠도다.

밝은 해가 동천(東天)에 올라와서 세계를 두루 비춤도 만물을 위함이요 서산으로 넘어가서 광명을 감춤도 만물을 위하는 진리이듯, 선사의 몸이 세상에 나타남도 중생을 위함이요 열반에 드심도 최후로 중생에게 무상(無常)의 법을 가르치시고 대각(大覺)의 길로 인도하시는 암시이다.

아! 이 열반의 참된 소식은 천지도 말이 없고 귀신도 모르나니라.

저 탁자에 벌여 놓은 흰 밥과 둥근 떡은 앙산(仰山)과 운문(雲門) 종사의 가풍(家風)이요, 향을 태움은 옛 길을 통함이니, 몇 사람이나 이 소식을 알았던고. 악.

눈빛을 거두는 곳에 오대산이 서늘해
꽃과 새들도 슬피 울고 달에까지 향연기 어리는 듯
격식 밖의 현담(玄談)을 누가 아는가
만산(萬山)엔 의구히 물이 흐르네

眼光收處五坮涼
花鳥念悲月送香
格外玄談誰得去
萬山依舊水流長

선문답을 나누며

보임 수행에서부터 열반 이후까지 깊은 교유를 나누었던 한암대선사와 경봉큰스님. 스님은 한암선사를 평생토록 '우리 형'이라 불렀고, 한암선사는 스스로를 낮추어서 '아우'라고 하였다. 그야말로 두 분은 가장 가깝고 간곡하고 다정한 도반(道伴)이었다.

수많은 선승들은 스님과 법으로 가장 상통하였던 분이 한암선사라고 했다. 그만큼 스님은 한암선사에게 끊임없이 법(法)을 물었다.

이제 두 분의 선문답(禪問答)에 대해 보다 자세히 살펴보고자 한다. 이는 틀림없이 후학들의 수행에 도움이 될 것이기 때문이다.

한암선사가 27년의 오대산 생활 중 유일하게 산문 밖으로 나와 통도사로 왔던 1931년 10월 4일, 두 분은 비로암에서 함께 자게 되었다. 경봉스님은 이 기회를 놓치지 않고 옛날 남전선사(南泉禪師)가 고양이를 죽인 선화(禪話) 한 편을 선문답의 대상으로 삼았다.

중국 당나라 때, 마조선사(馬祖禪師)의 3대제자 중 한 사람인 남전선사의 회상(會上)에서는 스님들이 고양이 한 마리를 놓고 두 패로 갈라져서 팽팽한 논쟁을 벌이고 있었다. 고양이에게 부처를 이룰 수 있는 근본바탕인 불성(佛性)이 있느냐 없느냐를 따지고 있었던 것이다. 한 쪽은 "일체 중생에게는 모두 불성이 있다(一切衆生悉有佛性)"고 하신 부처님 말씀을 들어 '있다'고 주장하였고, 한 쪽은 결코 부처가 될 수 없는 고양이이므로 불성이 '없다'고 고집하였다.

이 광경을 본 남전선사는 대중을 헤치고 들어가서 한 손으로 고양이의 목을 잡아 높이 들어 올렸고, 한 손으로는 차고 다니던 계도(戒刀)를 쑥 뽑아 들었다.

"대중아. 있다 없다를 떠나서 일구(一句)를 던져보아라. 온전히 말하는 사람이 있으면 이 고양이를 살려 줄 것이요, 만일 일구도 말하는 사람이 없으면 이 고양이의 목을 벨 것이다."

대중은 모두 아연해 할 뿐 대답을 하지 못하였다. 이에 남전선사는 고양이의 목을 한 칼에 잘라버리고 뒤도 돌아보지 않고 방으로 가버렸다.

그 날 저녁, 남전선사의 법제자인 조주(趙州) 스님이 외출했다가 돌아왔다. 선사는 낮에 있었던 일을 이야기하면서 조주스님에게 물었다.

"조주야. 만약 네가 그 때 있었다면 어떻게 하였겠느냐?"

질문이 떨어지기가 무섭게 조주스님은 신고 있던 짚신을 벗어 머리에 이고 들어왔던 문으로 나가버렸다. 이를 본 남전선사는 매우 언짢은 기색으로 말하였다.

"그 때 그대가 있었으면 고양이는 죽지 않았을텐데……."

이상이 바로 유명한 '남전참묘(南泉斬猫)' 화두에 얽힌 이야기이다. 스님은 평소 "남전이 '그 때 그대가 있었으면 고양이를 죽이지 않았을 것'이라고 한 말의 뜻보다 조주가 짚신을 이고 나간 행동 속에 훨씬 더 무서운 뜻이 숨겨져 있다"는 말씀을 자주 하였다. 이제 경봉스님과 한암선사가 이 화두를 놓고 나눈 문답을 살펴보자.

[경봉] 조주스님이 신발을 이고 문 밖으로 나간 뜻이 무엇입니까?

[한암] 부처와 조사가 공손히 두 손을 마주 잡은 곳일세.

[경봉] 그러면 무엇이 부처와 조사입니까?

[한암] (묵묵히 있다)

[경봉] 생각으로 분별하면 귀신굴에 들어가니 빨리 이르시오.

[한암] (돌아보며)보지 못했는가.

[경봉] 아무쪼록 뒷 자취를 거두시오.

[한암] (대답이 없다)

[경봉] 만일 남전이 고양이를 칼로 벨 때 형님이 있었다면 무어라고 답을 하였겠습니까?

[한암] 본래 고양이를 벤 사실이 없다.

[경봉] 누가 그런 말을 전합디까?

[한암] 본래 고양이를 벤 사실이 없으니 전할 말이 없노라.

[경봉] 이제 들었습니까?

[한암] 이제 들은 것도 없노라.

[경봉] 이제 들음이 없다고 하는 이는 누구입니까?

[한암] 말이 많음은 법을 희롱함이니라.

[경봉] 형이 오히려 법을 희롱하는 것에 걸려 있습니다.

[한암] (대답이 없다)

[한암] 조주스님이 신을 이고 나간 뜻이 무엇인가?

[경봉] 가로 누우니 발이 하늘을 가리킵니다.

[한암] (응답이 없다가 다시 물었다) 요즘 어떻게 공부를 지어가고 있는가?

[경봉] 한 티끌이 눈에 들어가니 허공의 꽃이 어지러이 떨어집니다.

[한암] 한 티끌이 눈에 들어가니 허공의 꽃이 어지러이 떨어지는 의지(意志)가 무엇인가?

[경봉] 형님께서는 내일 아침에 맛 있는 차를 드십시요.

[한암] (대답이 없었다)

끊임없는 선문답에 오대산과 영축산의 특산물을 서로 전하면서 평생을 흉허물없이 지내셨던 두 분 큰스님……. 스님의 오후수행(悟後修行)은 언제나 '우리 형'의 금언(金言)을 잊지 않았다.

백용성과 경봉

3·1운동 당시 민족대표 33인의 한 분이었던 백용성(白龍城) 선사와 스님과의 인연 또한 각별한 것이었다. 스님은 일찍이 용성선사와 참회상좌(懺悔上座)의 인연을 맺었다. 그리고 오도한 지 1년 남짓 지난 1929년 3월 9일, 스님이 용성선사를 찾아갔을 때 선사는 자기의 사진을 앞에 두고 영찬(影讚)을 지었다.

물과 산은 너의 모습이며
꽃과 풀은 너의 뜻이로다
한가로이 오고 한가로이 가니
밝은 달 비치고 맑은 바람 불어오네

水水山山爾形
花花草草爾意
等閑來等閑去
明月照淸風拂

자신의 사진을 '너'라 지칭하면서 한가로운 도인(道人)의 경지를 표출시킨 시를 보고 스님은 '법(法)을 너무 노출시켰음'을 지적하였다. 그리고 이듬해 5월에 그 영찬을 평한 서신을 보냈다.

  종이와 먹으로 합하여 놓았으니 산도 아니고 물도 아닙니다. 영정이 독로(獨露)하니 꽃도 아니요 풀도 아닙니다. 산은 산이고 물은 물일 뿐이며, 꽃은 제 스스로 꽃이고 풀은 제 스스로 풀인데, 이것(용성의 사진)이 산과 물입니까? 이것이 스님의 모습입니까? 이것이 꽃과 풀입니까? 이것이 스님의 뜻입니까?
  억!
  산은 높고 물은 흐르며 꽃은 붉고 물은 푸른데, 어떤 것이 모습이며 어떤 것이 뜻입니까? 다시 스님 모습의 참뜻을 일러보소서.

스님은 편지 끝에 한 수의 진영찬(眞影讚)을 지어 함께 보냈다.

  우주가 한 쪽 눈이니
  무슨 모습과 뜻을 말할 게 있나
  오는 것이냐 가는 것이냐
  물이 흐르고 꽃이 피네

  宇宙隻眼
  何形何意
  來耶去耶
  水流花開

94

편지를 받은 용성선사는 그 글을 책상 위에 두고 며칠을 보며 즐거워 하였다는 것과 보내온 진영찬에 대해 감사하고 감사한다는 답신을 보냈다.

이렇듯 서로를 긍정하고 아꼈던 관계였으므로 두 고승의 교유는 폭넓게 이루어졌고, 스님의 오후보임(悟後保任)에 대한 용성선사의 관심은 특별하지 않을 수 없었다. 스님이 깨달음의 소식과 함께 향상(向上)을 위한 일구(一句)를 청하는 편지를 전했을 때, 기쁨을 이기지 못한 용성선사는 찬탄과 함께 끊임없는 정진을 당부하는 답신을 보내었다.

"공무(公務)의 분주한 가운데서도 값을 헤아릴 수 없는 보배의 창고를 발견하였구려. 만약 여러 생(生)에 반야(般若)의 종자를 심지 않았다면 어찌 능히 이와 같을 수 있으리오.

......

대각(大覺)의 성리(性理), 그 자리는 이름도 모양도 없지만 빛을 보고 소리를 들으면 깨달아 아는 그 무엇이 나타나는 것입니다. 원래 깨달음이라고도 할 수 없는 그 깨달음이 가히 깨달음으로 나타나는 것입니다. 시각(始覺)과 본각(本覺)이 하나의 몸이요 근본과 지엽의 둘이 없으니, 둘이 없는 성품이야말로 참된 본성이 분명합니다. 이 참된 본성은 범부에게 있다하여 줄어드는 것이 아니요 성현에게 있다하여 늘어나는 것이 아니지 않습니까.

......

목우자(牧牛子)가 이르시되, '마음은 마음의 자리에 머무르고 대상

은 대상의 자리에 머물러 있다. 때때로 마음과 대상이 서로 맞서더라
도 마음은 대상을 취하지 않고 대상은 마음에 오지 않으니, 저절로 망
념이 일어나지 않게 될 뿐아니라 도에도 걸림이 없게 된다'고 하였습
니다.

　부디 스님의 습기(習氣)를 잘 헤아려서《진심직설 眞心直說》에 있
는 열 가지 공부 짓는 방법 중 어느 것이든지 선택하여 보임하십시요
…….”

　두 고승의 선연(善緣)은 그 뒤에도 계속되었다. 용성선사가 대각교
운동(大覺敎運動)을 전개하면서 승적(僧籍)을 스스로 버렸을 때 두
분은 불교계를 걱정하며 많은 법담(法談)을 나누었고,《화엄경》을 한
글로 번역하는 사업을 전개했을 때 스님은 재정적인 후원을 아끼지 않
았다.

전강선사와의 일화

이제 보임 시절, 선문답을 나누었던 전강선사(田岡禪師, 1898~1975)와 스님과의 이야기를 잠시 하지 않을 수 없다. 이 두 분의 선문답이 세인들 사이에서 큰 화제가 되었기 때문이다.

전강선사는 스님보다 6년 늦게 태어나 6년 일찍 오도한 근대의 고승이다. 16세에 해인사로 출가한 뒤 직지사 선원으로 옮겨 8년동안 두문불출(杜門不出), 자기 내면과의 싸움 끝에 도를 깨달아 만공(滿空) 선사의 혜명(慧明)을 이었다.

1929년 9월 6일, 전강선사가 통도사로 찾아 왔다. 30세를 갓 넘은 젊은 도인 전강선사와 오도 후 2년이 채 안된 스님과의 만남에는 날카로운 지혜의 칼날이 번쩍이고 있었다. 그 번쩍임은 중국 당나라 때의 마조선사(馬祖禪師)에게로 거슬러 올라간다.

어느 날 제자 남전(南泉)이 마조선사를 찾아 뵙자, 마조선사는 큰

동그라미 하나를 그려 놓고 말하였다.

"들어가도 때리고 들어가지 않아도 때리리라(入也打 不入也打)."

말이 떨어지기 바쁘게 남전은 선뜻 동그라미 속으로 들어갔고, 마조선사는 주장자로 그를 후려쳤다. 그러나 남전은 태연히 말하였다.

"스님께서는 저를 때리지 못하십니다."

이에 마조선사는 주장자를 등에 메고 때리기를 그만 두었다.

이 선화(禪話)에서처럼, 스님을 만난 전강선사도 땅에 큰 동그라미를 그린 뒤 "들어가도 때리고 들어가지 않아도 때리리라" 하였다. 이에 스님은 부채를 펴서 그 일원상(一圓相)을 지워 물리치는 시늉을 했다.

항간에서는 그 뒤의 이야기를 달리 말하는 경우가 있다. 스님이 동그라미를 지워버리자 전강선사가 말을 못했다고도 하고, 전강선사가 다시 할(喝)을 하였다고도 한다.

그런데 스님의 일지(日誌)에는 다음과 같은 기록이 보이고 있다.

"해인사 정대우(鄭大愚, 전강스님의 법명) 선사가 찾아와 담화를 하고, 법결의형제(法結義兄弟)를 청하기에 승낙하다."

전강선사가 진리를 깨달은 사람들 사이에서만 맺을 수 있는 형님과 아우 사이가 되자고 했을 때 스님은 이를 흔쾌히 수락했던 것이다. 이 결의는 무엇을 뜻하는가?

스님이 전강선사의 경지를 인정했고 전강선사가 스님의 대오(大悟)를 긍정하지 않을 수 없었음을 증명하는 것이다. 곧 두 분은 이심전심(以心傳心)으로 맺어진 법형제가 되었던 것이다.

이틀 뒤 전강선사가 오대산으로 간다고 하자, 스님은 우연히 만나 현담(玄談)을 나누었던 두 사람의 관계를 표현한 시를 지어서 주었다.

구름가에 바루 놓고 이 암자에 지내는데
우연히 그대 만나 현담을 털어놨네
밤은 깊어 삼경이라 인적이 없는데
가을 물은 하늘에 닿고 달은 못에 가득하네

掛鉢雲邊臥此庵
偶逢仁君盡玄談
三更夜深無人處
秋水連天月滿潭

그 뒤에도 스님과 전강선사는 오랫동안 깊은 의(義)를 나누었다.

1931년 11월, 통도사 보광선원(普光禪院)의 조실(祖室) 자리가 공석이 되었을 때, 스님은 전강선사를 보광선원의 조실로 모시기 위해 김천 황금정 포교당으로 갔다. 스님을 아끼는 통도사 승려들은 "대오한 우리 절의 스님을 두고 다른 분을 조실로 모신다"고 투덜대었지만, 스님은 오히려 그들의 생각이 잘못되었음을 깨우치고 전강선사를 찾아갔던 것이다.

전강선사도 처음에는 법결의형제를 맺은 경봉스님이 당연히 조실로 앉아야 한다며 사양하다가, 스님의 간곡한 권유로 승락하고 11월 29일에 보광선원으로 왔다.

이후 스님은 전강선사의 설법이 있을 때마다 참석하였고, 1932년 1

월 28일에는 전강선사가 보광선원 참선 수행자를 뒷바라지 하는 화주(化主)가 되어 줄 것을 청하였을 때 기꺼이 이를 수락하였다.

그리고 전강선사가 보광선원 조실을 지낸 첫번째 안거(安居)의 해제날, 전강선사는 경봉스님께 법단에 올라 해제법문(解制法門)을 해 줄 것을 청하였다. 그 날은 1932년 2월 19일, 음력으로는 정월 열나흗날이었다.

법상에 올라 좌정(座定)한 스님은 주장자(柱杖子)를 들어 대중에게 보였다. 그리고 주장자를 옆으로 눕힌 다음 급히 무릎 아래로 감추고 말문을 열었다.

"대중, 대중아. 자세히 법왕(法王)의 법(法)을 관찰해 보아라. 법왕의 법은 이와 같나니라."

이 때 조실 전강선사는 어린아이를 끌어다가 앞에 세웠다. 이에 스님은 아이와 전강선사를 향해 사자후(獅子吼)를 토했다.

"네가 남에게 팔려서 온 것은 무슨 일 때문이냐? 조실화상의 손발이 많이 바쁘겠구나."

스님은 다시 대중에게 물었다.

"서천(西天, 인도) 제28조(祖)인 달마대사를 중국에서는 초조(初祖)라고 한다. 그렇다면 우리나라에서는 이 달마대사를 어떻게 불러야 하는가? 대중은 일구(一句)를 이르시오."

대중들의 대답이 없자 스님은 양 손으로 향을 들고 게송을 외웠다.

한 조각 향을 두 손으로 들었으니

옛과 지금에 어찌 두 사람이 있을손가
이 자리에서 三五九를 바로 밝히지 못하면
은산철벽이 몇 천겁으로 둘릴지……

一片香　兩手擧
今古何曾有兩人
直下未明三五九
銀山鐵壁幾千重

스님은 법좌에서 시자(侍者)를 불렀다.
"장군의 3척 칼은 전쟁터에서 쓰이는데, 여기 대중은 태평성대에 살
고 있으니 이 주장자는 쓸 데가 없구나. 조실화상에게 전하여 주라."
스님은 '할(喝)'을 하고 법좌에서 내려오셨다.

그로부터 40년 가까이 지난 1970년 11월, 범어사에서 세계불교지도
자대회를 개최하였을 때 전강선사는 참석한 고승들에게 세 가지 선공
안(禪公案)을 질문하였고, 이를 다시 전국의 선원에다 서신으로 설문
(設問)하였다. 이 설문에는 오직 스님만이 회답하였는데, 두 고승의
경지를 눈 밝은 이가 스스로 판단하기를 바라는 뜻에서 스님의 일지에
기록되어 있는 그대로를 싣는다.

[전강선사의 설문]
1. 영산회상에서 부처님이 꽃을 들어 보이자 가섭존자가 미소를 지
었으니 이것이 어떠한 도리입니까?

2. 어떤 학자가 조주선사에게, "어떤 것이 조사가 서쪽에서 오신 뜻입니까?" 하니, "앞이빨에 털이 났다(板齒生毛)"고 하였으니 이것은 어떠한 이치입니까?

3. 370년 전 한국고승 서산대사의 오도송입니다.

십년을 단정히 앉아 마음자리 다스리니
깊은 숲에 새들도 놀라지 않네
어젯밤 송담에 비바람 몰아치더니
고기에 뿔이 하나 돋고 학이 세 번 울더라

　十年端坐擁心性
　寬得深林鳥不驚
　昨夜松潭風雨惡
　魚生一角鶴三聲

하였으니, '고기에 뿔이 하나 돋았다(魚生一角)'는 도리가 무엇입니까?

[극락호국선언 명의로 보낸 스님의 답]

몇 군데나 이렇게 물었나
일구의 도리를 해결하지 못했구나
고인들이 씹던 찌께미를 탐하지 말라
보검으로는 송장을 베지 않노라　　미소

幾處如是問

未消一句子

莫貪古粗糠

寶劒不斬屍　　　　哂

저울에 달아본다(垂秤)

1. 한 가지 이치로 서로 통하는 고인의 찌깨미를 번거로이 거듭 남에게 묻는 것은 허물이 적지 않다.

2. 서산대사의 오도송은 따로 있고 그 게송은 납자 희장로(凞長老)에게 준 게송이니 착각이다.

3. 마음자리(心性)가 아니라 마음의 성(心城)이오, 관득(寬得)이 아니라 관득(慣得)이 옳은 것이다.

12월 10일 전강선사는 다시 회신하였다.

"보검(寶劒)으로는 송장을 베지 않으신다니 참 그렇습니까?
그 소중한 보검은 필경 어디에 쓰겠습니까?"

스님은 답하였다.

병이 고맹에까지 들어가니
옷 벗겨지는 것도 모르는구나. 상향
이로부터 붓을 들지 않겠다.

病在膏肓

不覺脫衣 尙饗

從此擲筆

　이 답신을 보낸 뒤 전강선사로부터 스님께로 와야 할 회신은 어떤 이유에서인지 도착하지 않았다.

제4장

중생교화의 세연(世緣)

관음기도

보임 시절, 스님은 이렇듯 여러 선지식들과 진지하게 법(法)을 묻고 답하였으며, 조사(祖師)들의 어록과 경전을 보면서 찾은 옥(玉)을 갈고 닦아 빛을 발현시켰고, 그때 그때의 경지를 시로 지어 남겼다. 그리고 틈틈이 법단(法壇)에 올라 설법하였다.

그런데 스님은 본격적인 중생 교화의 길에 오르기 직전, 세계 3대 관음성지 중의 하나요 우리나라 제1의 관음기도도량인 낙산사(洛山寺)로 향했다.

일찍이 당나라에서 지엄(智儼) 화상으로부터 화엄학(華儼學)을 전수받은 의상대사(義湘大師)는 고국 신라로 돌아와서 가장 먼저 관세음보살이 머물러 계신다는 동해안의 낙산(洛山)을 찾았다. 관세음보살의 진신(眞身)을 친견하기 위해서였다.

의상대사는 낙산의 관음굴에 이를 때까지 관음보살을 외우고 스스

로 지은 〈백화도량발원문 白華道場發願文〉을 마음으로 염하면서 나아
갔다.

발원문은 세세생생(世世生生) 관세음보살께 목숨을 바쳐 귀의하되,
관세음보살이 아미타불을 머리 위에 이고 계심과 같이 관세음보살을
머리 위에 모시고 영원한 본사(本師)로 삼겠다는 간절한 신앙고백과,
일체 중생이 관세음보살의 이름을 생각하여 함께 원통삼매(圓通三昧)
에 들기를 기원하는 내용을 요지로 삼고 있다.

관음굴에 도착한 의상대사는 재계(齋戒)한 지 7일 만에 좌구(座具)
를 새벽 바닷물에 띄웠다. 그 때 천룡(天龍) 등 팔부신(八部神)이 나
타나 의상대사를 관음굴 속으로 인도하였다. 대사가 굴 속에서 공중을
향해 예배하자 수정염주(水晶念珠) 하나가 손에 쥐어졌고, 동해 용으
로부터도 여의주 한 알을 받았다.

그러나 관세음보살의 진신을 친견할 수가 없었다. 의상대사가 다시
7일 동안 지극한 마음으로 염불정진하자, 관세음보살은 마침내 모습을
나타냈다.

지극한 기도 끝에는 불보살(佛菩薩)의 가피(加被)가 있기 마련이
다. 그 가피에는 크게 세 종류가 있다. 불보살이 앞에 나타나서 증명하
는 현증가피(顯證加被), 꿈 속에서 불보살을 만나게 되는 몽중가피
(夢中加被), 불보살이 현실이나 꿈 속에서 직접 모습을 보여주지는 않
지만 평소 생활 속에서 은근한 보살핌을 베푸는 명훈가피(冥熏加被)
가 그것이다. 의상대사는 이 세 종류의 가피 중 현증가피를 입은 것이
다.

관세음보살은 환희에 가득 차 있는 의상대사에게 "쌍죽(雙竹)이 나

는 곳에 불전(佛殿)을 지으라"고 지시를 하였다. 스님은 그 지시에 따라 낙산사를 창건하여 친견한 진신의 모습과 같은 관음상을 조성 봉안하였고, 수정염주와 여의주를 불전에 모신 뒤 떠나갔다.

그런데 왜 해동 화엄종(華嚴宗)의 초조(初祖) 의상대사가 화엄의 교법을 이 땅에 펴기 전에 관세음보살의 친견을 위한 기도부터 한 것일까? 우리는 이 점을 무심코 넘겨서는 안된다.

이는 바로 중국에서 이어온 화엄의 가르침을 이 땅에 펼치기 이전, 이 땅에 머물러 계신 성스러운 관세음보살로부터 중생교화를 위한 힘을 얻고 새로운 인가를 얻고자 함에 있었던 것이다.

경봉스님이 낙산사를 찾은 것도 의상대사의 관음진신참배와 맥락을 같이하는 깊은 의미가 담겨져 있다. 곧 중생 교화의 길로 나아가기 전, 관음의 영장(靈場)에서 모든 업을 녹이고 새로운 인가를 얻고자 했던 것이다.

1930년 2월 21일 낮 12시, 스님은 부산에서 신라환(新羅丸)이라는 배를 타고 낙산사로 향했다. 양양 대포(大甫) 항구에 도착한 것은 2월 24일 오전 9시 30분, 무려 3일 동안이나 배에서 잠을 잔 것이다.

2월 25일 새벽, 낙산사 홍련암(紅蓮庵) 관음굴에서 스님은 삼칠일(21일) 관음기도를 시작했다. 스님은 한 점의 번뇌없이 마음을 하나로 모아 관세음보살을 불렀고, 기도의 여가에 참선을 하는 것도 잊지 않았다.

3일째 되는 날인 2월 27일 저녁, 의상대(義湘臺)에서 좌선을 하던 스님은 한 수의 시를 읊었다.

텅 빈 누각에 달이 밝아 나그네 발길 잡으니

이 흥취를 어찌 읊지 않을 손가

조도(祖道)의 풍광을 아느냐 모르느냐

흰 갈매기 물을 치자 붉은 해가 솟네

空坮滿月訪尋遲

到着如今豈不詩

祖道風光知也否

白鷗沈水日紅時

그리고 3월 1일에는 관음염불 속에서 또 한 수의 시를 지었다.

물을 건너 구름 밟으며 봉우리에 오르니

안개와 놀, 청풍과 명월이 한 빛으로 어리었네

관음보살 친견하기 어렵다 하지 말라

큰 꿈 깨고 나면 날마다 만나리

渡水畓雲到此雲

煙霞風月一光濃

觀音莫道難親見

大夢惺時日日逢

기도를 시작한 지 11일째 되던 날, 참선을 하던 스님은 드디어 몽중 가피(夢中加被)를 입었다. 비몽사몽(非夢似夢) 간에 흰 옷을 입은 백

의관음(白衣觀音)이 푸른 물결 출렁이는 바다 위를 걸어서 스님의 눈 앞에 이르는 것이었다. 스님은 기쁘고도 놀라웠다.

꿈에서 깨어 났을 때 관세음보살은 눈 앞에 있지 않았지만, 스님의 정신은 그렇게 쾌락(快樂)하고 맑을 수가 없었다. 스님은 이날 의상대 앞에 소나무 한 그루를 심었다.

그 뒤 스님은 3월 17일까지 10일 동안을 더 기도하여 삼칠일 기도를 원만히 회향(廻向)하고, 이 때의 경지를 한 수의 시로 묘사했다.

한결같이 오묘한 도에는 본래 티끌 없나니
수행을 더할수록 새로움은 더욱 크게 나타나네
십년간 집 안의 보배 두루 찾다가
이제야 겁 밖의 봄소식을 알았네
가고 옴에 역력하여 다른 사람이 아니며
말할 때나 묵묵할 때나 분명한 주인일세
부처님 항상 머물러 계시는 곳 묻지 말아라
태허공 하늘 땅이 누구의 몸이런가

如如妙道本無塵
須得加行大現新
欲覓十年家裡寶
方知萬古劫外春
往來歷歷非他客
語默明明是主人
莫問佛陀常住處

太虛天地阿誰身

태허공 하늘과 땅이 불보살의 몸 그 자체임을 요달하고 있었던 경봉 큰스님의 관음기도. 스님은 찾아오는 불자들에게 자주 다음과 같은 옛 게송을 묵서(墨書)해 주셨다.

觀音菩薩大醫王
甘露瓶中法水香
灑濯魔雲生瑞氣
消除熱惱獲淸涼

관음보살 대의왕이여
감로병에 가득한 법수의 향기로
마의 구름 세탁하여 서기를 일으키고
열과 번뇌 소제하여 청량을 얻게 하네

묵서를 끝낸 스님은 그 뜻을 자상하게 풀이해 주셨다.

"모든 사람에게는 자기관음(自己觀音)이 있다. 우리가 소리를 듣고 관하는 그 자리가 곧 자기 관음보살인 것이다. 어느 누구든 자기 소리를 올바로 듣고 관할 때 그는 의왕(醫王)이 된다.

의왕은 감로병을 가지고 있다. 그런데 감로병에 구멍이 난다면 어떻게 되겠는가? 불사(不死)의 감로수는 담겨 있을 수 없게 된다. 곧 우리의 육체를 잘 보존하라는 말이다.

이 육신을 잘 다스리면서 선정과 지혜를 닦으면 정혜수(定慧水)라는 법수(法水)가 샘솟는다. 이 법수는 마(魔)의 구름을 세탁하는 힘이 있다. 이 정혜수는 모든 열과 번뇌를 소제하는 힘을 갖추고 있다. 지금 이 자리에서 우리를 괴롭히던 마의 구름을 찬란한 서기로 바꾸어 놓고, 이제까지의 열과 번뇌가 그대로 청량으로 탈바꿈되는 것이다."

우리가 수행을 할 때, 우리가 일심으로 관음보살을 염할 때, 우리들 몸 속의 감로수가 작용하여 같은 시간 같은 장소에서 새로운 세계를 열 수 있게 된다는 말씀이다. 감로수와 감로병은 결코 관세음보살만이 가진 것이 아니다. 우리 속에 있는 불사의 감로수. 그것을 찾아 올바로 활용할 때 우리는 관세음보살과 한 몸이 되는 것이다.

그리고 스님은 관세음보살몽수경(觀世音菩薩夢授經)을 주면서, 이 경에 얽힌 영험담과 함께 80자의 짧은 몽수경을 지성으로 외우기를 간절히 당부하곤 하셨다.

南無觀世音菩薩 南無佛 南無法 南無僧

與佛有因 與佛有緣 佛法相因 常樂我淨

朝念觀世音 暮念觀世音 念念從心起 念佛不離心

天羅神 地羅神 人離難 難離身 一切災殃化爲塵

南無摩訶般若波羅蜜

나무관세음보살 나무불 나무법 나무승

여불유인 여불유연 불법상인 상낙아정

조념관세음 모념관세음 염염종심기 염불불리심

천라신 지라신 인리난 난리신 일체재앙화위진

나무마하반야바라밀

오도한 선사(禪師)이면서도 관음기도를 직접 하였고 관음기도를 권하였던 경봉큰스님. 자비로 가득한 스님의 깊은 뜻을 아는 이라면, 인생을 감로의 삶으로 바꾸어 줄 관음기도를 기꺼이 행할 수 있으리라.

꿈

여기서 꿈 이야기를 잠시 하고자 한다. 스님은 낙산사에서의 몽중가피 이후에도 여러 차례 특이한 꿈을 꾸었기 때문이다.

스님의 일지(日誌)에는 오도 후에 꾼 여덟 번의 꿈 이야기가 기록되어 있다. 이 일지 속의 꿈에 관한 기록은 도인이 꾸는 꿈의 내용이 어떠한 것이며, 꿈의 실체가 무엇인지를 살펴볼 수 있게 한다. 꿈은 진정 허무한 것인가? 관음보살이 다가 오는 꿈에서 깨어나자 스님의 정신이 더욱 새로워졌듯이 그 뒤 일곱 번의 꿈도 예사롭지가 않았다.

1937년 12월 9일 오전 1시 30분, 스님은 문상하는 꿈을 꾸었다. 어느 절에서 경허(鏡虛) 선사가 열반하였다는 전갈이 와서 스님은 통도사 대표로 제물(祭物)을 전하러 갔다. 때마침 영단에는 많은 제물이 차려져 있었는데, 경허선사의 큰 제자인 혜월(慧月) 선사가 제사상을 주장자로 세 번 치고는 제물들을 모두 거두어서 가버렸다. 스님은 가지고 간 제물을 영단 앞에 차려 놓고 대나무로 만든 채찍을 쥐고 일어서서 말하였다.

"이러한 때를 당하여 어떠한 것이 화상(和尙)의 법신(法身)입니까?"

그 순간 제물 속에 있던 대추 하나가 날아와 스님의 입을 때리고 땅에 떨어졌다. 스님은 다시 말하였다.

"화상이 그렇게 할 줄 알았으나 오히려 다하지 못하였으니 다시 한 번 이르시오."

그리고는 꿈에서 깨어났다. 인적이 드문 깊은 밤, 대웅전에서는 종소리가 울려 퍼지고 있었고 하늘에는 밝은 달이 교교하게 흐르고 있었다.

그러나 그 꿈에는 아직 미진함이 있었다. 그 꿈에서 무엇을 물었고 아직 다하지 못한 점은 무엇이란 말인가? 스님은 한 편의 게송으로 꿈과 현실과 진리의 세계를 매듭지었다.

법신 일로(一路)를 영가에게 물었더니
붉은 대추 날아와 눈 앞에 떨어지네
최후의 활구(活句)를 오히려 끝내지 못했는데
종소리에 단꿈 깨니 달은 하늘에 둥실 떴네

法身一路問靈駕
紅棗飛來落眼前
最後活句猶未了
鐘惺甘夢月圓天

1938년 12월 22일에는 부산 복천사에서 잠을 자다가 한 승려와 법담(法談)을 나누고 아육왕탑(阿育王塔)을 친견하는 꿈을 꾸었으며, 1959년 2월 13일 오전 1시에는 자갈밭에서 호박(瑚璞) 등의 칠보(七寶)를 캐는 꿈을 꾸었다.

그리고 1959년 8월 3일 새벽에는 꿈 속에서 한 구절의 시를 지었다.

"올바른 법으로 관찰할 때 진실한 법이 나타나고(正法觀時眞法現)."

꿈에서 깨어난 뒤 스님은 이 시의 짝이 되는 구절을 읊어 시를 완성시켰다.

"삿된 마음 없어지면 본심과 통하네(邪心滅處本心通)."

그런가 하면 1963년 8월 17일 새벽 2시에는 석불(石佛)이 나타나 물 속이나 땅 위에서 의탁할 곳을 잃고 떠돌아 다니는 수륙(水陸)의 고혼(孤魂)을 천도(薦度)해 주라는 꿈을 꾸었다.

또 1966년 5월 13일의 꿈에서 스님은 불조(佛祖)의 법을 서로 전하고 받는 자리에 참석하고 있었다. 스님은 열심히 듣는 듯이 하다가 대중 앞에서 게송을 읊었다.

원래 이 법은 전수할 것이 없어
끊임없이 이어졌지만 예배하지 않네

元來是法無傳受
繼繼相承不禮拜

그리고 1966년 5월 30일 새벽 4시에는 죽음과 관련된 꿈을 꾸었다.

"나와 대월(大越) 스님이 함께 앉아 있는데, 책상 위의 망건을 쓴 네 사람 중에서 한 사람이 내려왔다. 그는 우리 두 사람 중에 누가 먼저 갈 것이라 하였다. 내가 그 사람을 따라 병풍 뒤로 가서, '내 나이 몇 살에 가겠느냐'고 물었더니 '90은 넘기겠다'고 하더라. 꿈을 깨고 보니 일장춘몽이더라."

그때의 스님 나이는 75세. 스님은 일지에서 일장춘몽(一場春夢)이라 표현하였으나, 실제로 스님은 91세에 입적하였다.

이상의 꿈은 우리들이 일상적으로 꾸는 꿈과는 매우 다르다. 하나하나가 모두 도(道)와 직결되어 있음을 분명히 느낄 수 있다.

도인이나 속인이나 꿈과 현실은 결코 둘이 아닌 모양이다. 언제나 도와 더불어 살면 꿈도 도와 함께 하고, 세속의 잡사(雜事)에 시달리면 꿈도 번잡하기 마련이다.

그렇다면 번뇌의 현실 속을 살아가고 있는 우리들에게 있어 꿈은 과연 어떠한 것인가?

스님은 법회 때 말씀하시곤 했다. 꿈은 한갓 생리적인 작용에 불과한 것이라고. 어떤 꿈을 꾸더라도 그것을 생각할 것도 없고 관심을 가질 필요도 없으며, 꿈풀이를 위해 헛되이 마음을 쓰지 말 것을 당부하시곤 했다.

꿈은 우리의 '한 생각'과 함께 한다. 한 생각이 곧 꿈인 것이다. 한 생각 일어났다가 사라지는 것, 그것이 곧 꿈이다.

부처님의 제자들은 부처님의 올바른 가르침을 믿고 수행해야 하며, 올바른 생각으로 자신을 지키고 진실한 생각으로 마음을 항상 편안하게 하여 헛된 꿈에서 깨어나야 함을 스님은 가르쳤던 것이다.

그와 함께 언제나 꿈과 관련된 한 편의 옛이야기를 들려 주시는 것을 잊지 않으셨다.

어느 나라에 유명한 해몽가(解夢家)가 있었다. 그러나 그 나라의 임금은 꿈을 허망한 것으로 여겼으므로, 꿈을 풀이해 주고 생계를 유지한다는 것은 사람을 속이는 행위일 수 밖에 없는 것이라 단정하였다. 임금은 그 해몽가를 대궐로 불러 들인 뒤 벌을 주기 위해 거짓으로 지어낸 꿈을 풀이하도록 했다.

"짐이 간밤에 꿈을 꾸었는데, 대궐의 기왓장 하나가 비둘기로 변해서 날아갔노라. 이것이 무슨 조짐인가?"

"예. 그것은 궁중 안에서 사람 한 명이 죽을 징조입니다."

꾸지도 않은 꿈을 거침없이 해석하는 해몽가의 말이 임금에게는 엉터리 수작으로 밖에 느껴지지 않았으므로 즉시 옥에 가둘 것을 명령하였다. 하루 정도를 지낸 뒤 세상을 미혹되게 하는 요사스러운 자를 처단하여 다시는 해몽에 현혹되는 일이 없게끔 하겠다는 것이 임금의 뜻이었다.

그러나 한나절이 지나자 궁녀들 끼리 싸움을 하다가 한 궁녀가 죽고 말았다. 임금은 너무나 이상하였다. 꾸지도 않은 꿈이야기를 지어 내어 한 것인데 어떻게 해몽대로 사람이 죽는다는 말인가? 해몽가를 불러서 마음 속의 생각을 털어 놓자 해몽가는 다음과 같이 답하였다.

"실로 꿈이란 허망한 것입니다. 그러나 잠 속에서 꾸는 것만 꿈이 아닙니다. 눈을 뜨고도 한 생각 일어나면 그것이 곧 꿈입니다. 저는 임금님의 일어난 한 생각을 풀이한 것입니다.”

이 말에 크게 깨달은 임금은 해몽가에게 후한 상을 내려 돌려 보냈다.

좋은 생각이든 나쁜 생각이든 한생각 일어나면 그것이 곧 꿈이다. 무엇을 환몽(幻夢)이라 하고 무엇을 진몽(眞夢)이라 할 것인가? 마음이 어둡지 않으면 모두가 참됨이요 마음이 밝지 못하면 모두가 그림자 같은 꿈일 수 밖에……

기쁨도 꿈이고 슬픔도 꿈이다. 즐거움도 괴로움도 모두가 꿈 속의 일이다. 기왕 꿈일 바에야 그것은 진몽(眞夢)이어야 하고, 나와 남을 살리는 깨어 있는 꿈이어야 한다.

그러나 중생은 꿈 속에서 다시 꿈을 꾸게 된다. 그 마음을 넉넉히 사용하지 못하기 때문에 한겹 한겹 번뇌의 안개로 더욱 짙게 시야를 가리우고 마는 것이다.

그래서 스님은 마음을 넉넉하게 쓸 것을 강조하셨다.

“느긋한 마음으로, 모든 일에 당기면 늘어지고 놓으면 오므라드는 신축성을 가지고 대하면서, 관대하게 다른 사람을 포용하라”고 가르쳤다.

결국 인생의 실패란 무엇인가? 환몽(幻夢) 속에 갇혀서 허둥거리다 죽어가는 인생살이를 말하는 것이 아닌가?

스님은 강조하셨다. 그림자 꿈에서 깨어나려면 물질과 사람을 초월한 정신을 가지고 멋들어지게 살아야 한다는 것을. 그리고 지금은 비록 실의와 실패에 직면해 있더라도, 닫힌 마음을 열어서 사바세계를 무대로 연극 한바탕 멋있게 할 때 그 비극은 참꿈으로 바뀐다고 하셨다.

낙엽이라도 아주 활기로와서
바람과 비에 하늘 가득 훨훨 난다

落葉方能生活氣
滿天風雨碧空飛

"낙엽이 땅에 떨어져 있으면 사람도 밟고 개도 밟아 아무 가치도 없는 것이지만, 그 낙엽도 비바람을 타고 벽공을 활기롭게 날 때가 있다. 낙엽도 벽공을 풀풀 나는데 만물 중에 가장 슬기로운 사람이 좀 실패했다고 해서 근심에 잠겨 있대서야 되겠는가! 다시 정신을 가다듬고 힘을 내야 한다. 한 생각 비우고 생생한 산 정신으로 일하면 '절후(絕後)에 갱생(更生)이라' 길이 끊어진 곳에서 다시 사는 수가 있으니, 걱정하지 말고 사바세계를 무대로 삼아 연극 한바탕 멋지게 해야 한다. 그까짓 근심 걱정은 냄새나는 죽은 마음이다. 산 정신으로 부처님의 정신에 합치해서 살아가길 바란다."

꿈! 살아 있는 꿈. 그것은 비록 꿈이나 진리와 통하는 것임을 스님은 깨우쳐 주셨던 것이다.

화엄산림법회

쾌적한 힘을 얻고 낙산사에서 통도사로 돌아온 스님은 한동안 옛 조사(祖師)들의 어록(語錄)을 읽고, 서청계(書廳契)·시회(詩會)·시연(詩宴) 등에 참여하여 시를 짓거나 극락암 염불만일회를 돌보면서 지냈다.

그렇게 몇 달을 보낸 1930년 9월 25일(음력 8월 4일), 스님은 다시 극락암에서 화엄산림법회(華嚴山林法會)를 열기로 하고 동참문(同參文)을 지었다.

한문(漢文)으로 쓰여진 이 글은 진리를 함축하고 있는 빼어난 명문장이다. 이에 번역문을 실은 다음 스님이 쓰신 원문을 보기 좋게 단락을 나누어 전재함으로써 그 깊은 뜻을 그대로 전달하고자 한다.

화엄산림법회 동참서문

예로부터 지금에 이르기까지 성현의 가르침을 잇고 성현의 이치를 밝히고 성현의 행을 실천하여 성현의 경지에 이르렀나니, 곧 우리의 도는 사람의 마음을 곧바로 가리켜 견성성불(見性成佛)하게 함으로써 나와 남이 함께 깨닫고 나와 남이 이로움을 함께 얻는 원만한 도이다.

그러나 마음이 곧 부처이니 산은 푸르고 물은 맑으며, 마음도 아니요 부처도 아니니 나무는 마르고 잎은 흩어지며, 마음이라 하여도 맞지 않고 부처라 하여도 맞지 않으니 바람은 소슬하고 물은 냉랭하도다.

이러한 시절에 어떠한 것이 그릇되고 어떠한 것이 옳은 것인가. 입을 열면 가히 얻기가 어렵다. 이 도는 결코 말에 의지하지 않지만 말 없는 것에도 집착하지 않는다. 그러므로 알라. 문자의 성(性)을 벗어나기만 하면 비록 하루종일 말하더라도 말한 바가 없나니, 어찌 입을 다물고 묵묵히 있기만 하랴.

세존께서 세상에 출현하여 49년 동안 설법하신 것 또한 이와같은 뜻이니, 대방광불화엄경의 법문은 바닷물을 먹으로 삼아 글을 쓰더라도 다하지 못하고, 해인삼매(海印三昧)의 이치는 보살도 오히려 미(迷)하고 성문(聲聞)도 오히려 측량할 수 없나니, 오묘한 도의 이치는 가히 생각하고 헤아려서 얻을 수 있는 것이 아니다.

비유하자면 등불 없이는 어둠 속의 보배를 볼 수 없는 것과 같나니, 불교의 진리를 말하여 줄 사람이 없으면 설혹 지혜로운 이라 할지라도 능히 알 수가 없는 것이다.

금년 겨울 10월에 본사 극락암에서 큰 법회를 열어, 지극히 깊고 깊은 이치와 지극히 오묘하면서도 다함이 없는 법을 설할 준비를 하였다. 함께 원력을 세워 동참하기를 간절히 바라노니, 유루(有漏, 번뇌)를 버리고 무루(無漏, 해탈)의 일을 증득할지어다.

이 법회의 헤아릴 수 없이 많은 공덕과 가득한 복보(福報)에 대한 영

험의 자취는 천추(千秋)에 걸쳐 너무나 많이 전해오므로 번거로이 기록
하지 않는다. 오직 뜻을 같이 하는 여러분께 이 글을 읽어 보기를 청하
노라.

다만 원하노니 맑은 바람의 힘을 같이 하여
일시에 이 문(門)으로 불어 올지니라.

경오년 8월 상순 원광 근지

自古迄今 續聖賢之書 明聖賢之理
行聖賢之行 至聖賢之域
吾道 直指人心 見性成佛
自覺覺他 二利圓成之道
然而 卽心卽佛 山靑水綠
非心非佛 樹凋葉落
不是心不是佛 風颯颯水冷冷
恁麼時節則 何者非何者是 難得開口之處
雖不依言語道 亦不着無言說也
故知 文字性離 雖終日言而無言
豈可緘言而守默哉
世尊出世 四十九年說法 亦是旨也
大方廣佛華嚴經法門 海墨書而不盡
海印發揮 菩薩猶迷 聲聞不測
妙道深奧之理 不可得而思議

不可得而稱量也

譬如暗中寶 無燈不可見

佛法無人說 雖慧莫能了

今冬之十月 本寺極樂庵

開說大法會 玄玄又玄之理

妙妙無盡之法 講說準備

卽同願同參 至禱至禱 捨有漏而證無漏之事

無量功德 不朽福報 閱世千秋靈蹟

汗漫不必煩引

志同君子 請署斯文

但願淸風齊着力

一時吹入是門來

庚午 中秋 上浣 ○光 謹識

　동참문을 지은 스님은 두 달 열흘의 준비기간을 거쳐 12월 5일부터 화엄산림법회를 시작했다. 한 달 동안 개최된 이 법회에는 해담화상·영운(映雲) 화상·스님 세 분이 설주(說主)가 되어 매일 한 차례씩 세 번 설법을 하였다.

　실로 스님은 이 해부터 50년 동안 한 해도 거르지 않고 화엄산림법회의 설주가 되어 법문을 하셨다. 통도사 큰절과 극락암에서만 화엄산림법회를 개최한 것이 아니다. 통영교당·동래교당, 통도사 백련암 등에서도 화엄산림법회를 개최하도록 권하고 설법을 해 주셨다.

그때마다 스님은 화엄경의 대의를 자세히 설명하였으며, 특히 우리가 알게 모르게 화엄경의 도리에 따라 살아가고 있음을 깨우쳐 주셨다.

"대방광불화엄경(大方廣佛華嚴經)의 도리는 우리들 일상생활에도 있고 내 몸에도 있고 삼라만상 일체의 모든 곳에 다 있다. 알기 쉽게 말하면 '대방광불화엄경'은 '일이삼사오륙칠' 일곱 글자인데, 우리 얼굴의 두 눈과 두 귀와 콧구멍 둘과 입을 합하면 일곱 문(門)이 되니 이것이 대방광불화엄경이다.

이 일곱 문을 통하여 우리는 언제나 화엄법문(華嚴法門)을 받아들인다. 두 눈으로 온갖 빛깔과 온갖 모양을 다 보고, 양쪽에 붙어 있는 귀로는 온갖 소리를 듣는다. 입으로는 온갖 음식을 먹고 온갖 말을 다 하며, 코로는 온갖 냄새를 맡고 공기를 통하게 하여 생명을 유지한다. 바로 이 속에 화엄의 지혜가 깃들어 있다."

우리의 일곱 문은 모든 것을 받아들이고 사용한다. 그리고 이 일곱 문을 다스리는 것은 바로 한 마음이다. 이 일곱 문을 잘 쓰고 잘 단속할 때 지혜는 나의 것이 되고, 일곱 문을 잘 쓰기 위해서는 마음 하나 잘 쓰면 되는 것이다.

스님은 화엄경이 우리의 마음 하나를 잘 쓸 수 있도록 하기 위해 이 세상에 나온 것이라 하셨다. 곧 화엄경의 대의가 '만법(萬法)을 거느려서 한 마음을 밝히는 데 있음'을 깨우쳐 주기 위해 매년 화엄산림법회를 열었던 것이다.

또한 스님이 화엄산림법회를 개최했을 때 우리의 상식을 넘어서는 특이한 상서(祥瑞)가 여러 차례 일어났다.

어느 겨울 화엄산림법회 도중에는 큰 뱀이 얼음 위를 기어서 개울 건너의 산으로 올라갔고, 1950년 대에는 통도사 큰법당에서 화엄경을 설법하던 중 석가여래 진신사리탑(眞身舍利塔)에서 방광(放光)하였다. 이때 통도사 밑의 신평마을 사람들은 불을 끄기 위해 허겁지겁 통도사로 뛰어 오기도 했다.

특히 천도(薦度)받은 영가(靈駕)는 이루 다 셀 수가 없었다.

어느 신도는 혓바닥에 낚시줄이 걸려 있는 자라를 방생(放生)하게 되었다. 입 밖으로 나와 있는 줄을 당겨 보았으나 빠지지 않자 그냥 물에 놓아 준 것이다. 그런데 바로 그 자라가 꿈에 나타나 소리를 치는 것이었다.

"너는 봤지. 너는 봤지."

그 신도는 자라의 위패를 만들어 화엄산림법회 때 천도를 시켜 주었다.

또 한 번은 나이 많은 여신도가 큰법당에서의 화엄산림에 참여하고 있던 중, 6·25사변 때 총에 맞아 죽은 친척 처녀가 나타났다. 신도는 순간적으로 고함을 쳤다.

"여기가 어디라고 나타나느냐?"

"어슬어슬 춥고 몸이 아프다. 나를 구해다오."

이 나이 많은 여신도는 평소 몸이 자주 아팠으나, 이 친척 처녀를 위해 위패를 해 주었더니 그 병까지 나았다고 한다.

이밖에도 이름없는 영가들이 화엄산림법회를 통하여 수없이 천도를 받았다. 스님의 권유가 큰 힘이 되었던 것이다.

"여러분 집안에 물에 빠져 죽은 사람, 약 먹고 죽은 사람, 총 맞아

죽은 사람, 피살 당한 사람, 자동차에 치어 죽은 사람, 나무에서 떨어
져 죽은 사람, 집이 무너져서 죽은 사람, 담장이 무너져서 죽은 사람
등 자기의 명대로 못 살고 횡액(橫厄)으로 죽은 사람이 있으면 위패를
하나씩 해서 천도를 해 주어라. 그리고 이 화엄산림에 와서 법문을 들
으면 우리가 다겁다생에 저지른 악업(惡業)이 다 녹아내린다. 꼭 법문
에 참석하도록 하시오.”

스님은 '산림(山林)'이 '최절인아산(催切人我山) 장양공덕림(長養
功德林)'이라는 글의 줄인 말이라고 하였다. 나와 남이라고 하는 인산
(人山)과 아산(我山)을 두드려 없애고 공덕의 숲을 길러낸다는 것이
산림의 참뜻이라 하신 것이다.

이 말씀 그대로 스님은 50년을 한결같이 화엄산림법회를 열어, 스스
로를 미혹되게 하는 우리의 마음 속 벽을 허물어서 업장을 녹이게 하
고 공덕의 숲을 가꾸도록 이끌었던 것이다.

불교전문강원 원장

　스님이 본격적인 중생 교화의 길에 오른 것은 41세 되던 1932년 1월 31일 통도사 불교전문강원의 원장으로 취임하면서부터이다. 스님이 강원장(講院長)을 맡은 것은 당시의 통도사 주지 김설암(金雪岩) 스님의 간곡한 권유가 있었기 때문이다.

　실로 오도(悟道)한 선사(禪師)가 불경을 가르치는 강원장(講院長)을 맡는 경우는 지극히 보기 드문 일이다. 언어와 문자를 매개체로 하여 부처님의 가르침을 일깨우는 강사(講師)와 언어·문자를 초월하여 부처의 경지를 증득하는 선사.

　적어도 스님이 강원장을 맡았던 시절에는 이 두 종류의 스승 중 선사를 윗쪽에 두는 경향이 팽배되어 있었다. 명강사(名講師)로 이름을 날렸던 경허(鏡虛) 대사가 스스로의 부족함을 채우기 위해 강사직을 버리고 선을 닦음으로써 오도하였고, 그 뒤 선풍(禪風)을 크게 일으킴에 따라 선수행자 우위의 경향이 만연되었기 때문이었다.

　평범한 이들의 눈으로 본다면, 오도한 선사에게 선원장이 아니라 강

원장이 되라는 것은 그 당사자를 크게 모독하는 처사로 느껴지기 마련
이다. 그래서 스님의 주위 사람들은 강원장이 되는 것을 만류하였다.

그러나 스님은 달랐다. 스님에게 있어 선(禪)과 교(敎)는 결코 둘
이 아니었다. 일찍이 모든 조사(祖師)들이 "선은 부처님의 마음이요
교는 부처님의 말씀이다(禪是佛心 敎是佛語)"라고 정의하였듯이, 스
님 또한 그 둘이 하나의 근원인 부처님에서 비롯되었다는 것을 잘 알
고 있었던 것이다.

부처님은 결코 마음과 말이 다른 분일 수 없다. 오히려 문제는 중생
의 소견에 있다. 누구든지 말꼬리에 매달려서 참뜻을 잃어버리면 비록
'염화시중(拈花示衆)의 미소'라 할지라도 교의 자취가 될 뿐이다.

염화시중의 미소.

어느날 부처님은 대중들에게 꽃 한 송이를 들어보였다. 모든 제자들
이 갑자기 꽃을 드신 부처님의 뜻을 알지 못하여 어리둥절해 하였으
나, 대가섭(大加葉)만은 그 뜻을 알고 빙그레 미소를 지었다. 이에 부
처님은 선법(禪法)의 정맥(正脈)을 대가섭에게 전하였다. 이와같이
마음에서 얻으면 세상의 온갖 잡담이라도 모두 교 밖에서 따로 전하는
선지(禪旨)가 되는 것이다.

더군다나 스님은 선과 교에 얽매이는 경지에 있지 않았다. 스님은
이미 선과 교를 초월하고 있었다. 스님에게 있어서는 오직 중생 교화
만이 남아 있는 일이었다.

오히려 중생 교화를 위해서는 활줄과 같은 선문답(禪問答)도 필요
하지만 활대와 같은 곡선적인 가르침도 필요하며, 활대와 같은 가르침
이나 활줄과 같은 가르침이 궁극적으로는 일미(一味)로 돌아간다는

것을 요달하고 있었기 때문이다. 그래서 스님은 강원 학인(學人)들을 가르치는데 온갖 정성을 기울였다.

통도사 황화각(皇華閣)에 자리잡은 스님은 취임 다음 날인 2월 1일 밤부터 4일 동안 학인들의 법문을 직접 들으면서 그들의 공부를 하나하나 점검하였다. 그리고 마지막 날 저녁에는 학인들의 모든 법문을 종합하여 회통(會通)시켜 주었다. 불교뿐만이 아니었다. 불교 바깥의 문제를 논할 때도 스님은 꼭 참여하여 학인들의 부족한 점을 일깨워 주었다. 1932년 2월 17일에 쓴 스님의 일기에도 이는 잘 나타나 있다.

"밤에 학인들의 연설에 참석하였다. 연제(演題)는 봄맞이, 우리의 사명(使命), 노력은 성공의 기초, 불교에서 본 대자비주의, 망중한(忙中閑) 등이었다. 연설을 듣고 나서 연설하는 태도와 방법 등을 설명하여 주었다."

이와같이 스님은 강원장으로서 학인들을 가르치는데 열중하는 한편, 중생 교화를 위한 여러가지 일에도 힘을 아끼지 않았다. 1932년 한 해만 살펴보면, 스님은 보광선원의 해제법문(解制法門) 및 각종 법회에서 법문을 설하였고, 보광선원의 뒷바라지를 위한 화주(化主)의 역할도 맡았으며, 보살계(菩薩戒)와 비구계(比丘戒)를 설하는 율사(律師) 노릇도 하였다. 그리고 신중불공(神衆佛供)·열반불공(涅槃佛供)을 집전하는 등, 살아 있는 부처를 이루게 하는데 밑거름이 되거나 정법(正法)과 인연을 맺게 하는 것이라면 어떠한 일이라도 마다하지 않았다.

당대의 우뚝 솟은 선사였지만 강경(講經)·염불·기도법회·천도의식·사찰장엄불사에까지 고루 평등하게 마음을 기울였고, 중생을

산 정신으로 살아가게 하는 방편이라면 결코 배척하는 일이 없었던 것
이다.

특히 이듬해인 1933년 3월, 주지 밑에서 감사(監事)와 법무(法務)
를 통솔하면서 절의 사무를 총감독하는 감무(監務)로 당선되었을 때
스님은 한사코 이를 사양하였으나, 사찰 측에서 허락하지 않았으므로
이 직책을 맡아 사판승(事判僧, 절의 살림을 맡아서 사는 승려)으로서
의 임무를 다하였다.

평생을 수행으로 일관한 이판승(理判僧, 공부만 하는 승려)이, 그것
도 도를 깨달은 도인스님이 사판승 노릇을 한다는 것은 상식 밖의 일
이다. 그러나 스님은 감무직을 맡아 최선을 다했다. 절 살림을 잘 살아
주는 것이 출가의 본사인 통도사에 대해 은혜를 갚는 일이요, 이 또한
잘만 하면 공부하는 승려들에게 많은 도움을 줄 수 있는 일이기 때문
이었다.

이때 스님은 통도사의 논을 소작하는 사람들을 모아 농사조합을 설
립하게 하였고, 통도사 각 법당의 불상 개금(改金) 및 16나한(羅漢)
과 미륵불의 개채중수불사(改彩重修佛事)도 행하였으며, 1934년 불교
학교인 보성고보(普成高普)의 경영이 어려워짐에 따른 매각 문제가
거론되었을 때 범어사·해인사와 협력하여 이를 저지하는 한편, 경상
도 각 사찰을 돌면서 보성학교 운영기금을 모으기도 하였다.

이와같이 스님은 살림 사는 중노릇도 충실히 행하였다. 이 모두가
불사를 향한 스님의 깊은 원력에서 비롯되었다는 것을 우리는 잊어서
는 안된다.

운문사 사리암

여기서 잠시 경상북도 청도 운문사의 사리암(邪離庵)과 스님과의 인연을 살펴보고자 한다. 깊은 산중 사찰 사리암이 우리나라 제일의 독성기도도량(獨聖祈禱道場)으로 자리잡게 된 것은 스님과 크게 관련이 있기 때문이다. 스님이 사리암과의 첫 인연을 맺은 것은 통도사 불교전문강원 원장 및 감무를 맡고 있었던 1934년 9월이었다.

스님이 운문사를 찾은 것은 당시 통도사 말사였던 이 절에 모종의 분규가 있었기 때문이었다. 분규 사건이 전해지자 스님은 9월 5일 통도사를 출발하여 9월 6일 운문사에 도착하였고, 9월 7일 저녁에는 사리암(당시에는 邪離窟이라 하였음)에서 잠을 청하였다.

이튿날 아침 일찍 눈을 떴을 때 사리암에는 초가을 비가 내리고 있었다. 산봉우리를 휘감는 비구름을 바라보다가, 이곳이 크나큰 인연처(因緣處)임을 직관한 스님은 연이어 세 수의 시를 지었다. 그 중 한 수를 옮겨보자.

시냇물 소리 밟으며 구름 위로 오르니

비로소 세속생활 꿈 속임을 깨달았소

누구든 삿됨을 떠나(邪離) 진실한 뜻 얻는다면

온 누리 삼라만상 모두가 부처일세

溪聲踏盡入雲天

始覺塵中過夢年

人得邪離眞實意

乾坤萬像總金仙

그리고 사리굴 낙석(落石)의 기이한 점에 대해 한 사람의 객(客)과 문답을 나누었는데, 스님은 떨어지는 돌에 깃든 참된 이치가 무엇인가를 일깨우는 한편, 이 암자의 이름을 사리굴이라 하게 된 까닭을 설명해 주셨다.

[객] 여기에 큰 돌이 떨어지면 반드시 큰 재(齋)가 들어오고 작은 돌이 떨어지면 작은 재가 들어온다고 하며, 기도를 성취할 때 또한 반드시 돌이 떨어진다고 합니다. 이것이 나반존자(那畔尊者)의 신통묘력이라 하던데, 과연 그렇습니까?

[스님] (한참 묵묵히 있다가 미소를 지으면서 손가락을 퉁겨 소리를 내고) 알겠는가?

[객] ……?

[스님] 이 손가락 퉁기는 소리가 어디로부터 왔는가? 만약 손가락에서 소리가 났다면 죽은 사람도 손가락이 있는데 어째서 소리가 없

는가? 이것으로 미루어 본다면 반드시 온 곳을 알리라.

또 이 소리가 작은가 큰가? 만약 크다면 얼마나 크며 작다면 얼마나 작은가?

또 이 소리가 하늘에서 떨어졌는가 땅에서 떨어졌는가 허공에서 떨어졌는가?

이 손가락 퉁긴 소리의 온 곳과 떨어진 곳을 활연하게 깨달으면 돌이 떨어지는 이치를 듣지 않아도 알 수 있는 것이다.

마치 눈병 있는 이가 해를 볼 때 혹은 청색 혹은 황색 혹은 적색 혹은 백색 혹은 흑색이라고 하면서 갖가지 색깔을 말하지만, 햇빛은 원래 오색(五色)에 속하지 않고 어떤 빛보다 뛰어나며, 고금(古今)에 초절(超絶)하고 천지에 빛나서 여여(如如)히 홀로 드러난 것과 같다.

오호라, 중생은 마음 가운데 삿됨을 떠나지 못하였기 때문에 다만 범부의 생각으로 상(相)에 집착하고 물들어 버린다.

돌이 떨어지는 것에 대해 자기의 범부소견을 가지고 천차만별로 해석하며, 또한 자기의 소견대로 남에게 해석해 주는 것이다.

진정 돌이 떨어지는 이치를 알려고 한다면 삿된 마음과 범부의 생각을 크게 쉬고 쉬어라. 그 뒤에라야 돌이 떨어지는 이치를 걸림없이 알 수 있을 것이니, 그래서 이 암자의 이름을 사리굴이라 한 것이다.

할(喝)!

산은 깊고 물은 차도다(山深水寒).

범부는 범부의 소견으로 모든 것을 헤아리고 그것을 알리기 위해 나름대로의 목소리를 높인다. 그러나 언제나 한결같은 진실은 자기중심적인 분별이나 소견과 함께하지 않는다. 오히려 집착과 분별을 만나면 참된 모습은 순간적으로 자취를 감추어 버린다.

진정 우리 주변에서 일어나는 현상의 참된 모습을 보고자 한다면 무엇보다 먼저 범부의 소견, 자기중심적인 눈으로 사물을 보고 그것에 집착하는 태도부터 고쳐야 한다. 곧 삿된 마음을 쉬고 쉴 때 나반존자의 신통은 저절로 나의 것이 되며, 돌이 떨어지는 이치를 확연히 알 수 있게 된다고 스님은 깨우치신 것이다.

독성(獨聖) 나반존자(那畔尊者).

그 분은 남인도의 천태산에서 홀로(獨) 선정을 닦고 있는 성자(聖)이며, 삼명(三明)과 2리(二利)를 모두 갖추고 있는 말세중생의 구원자이다.

삼명은 숙명명(宿命明)·천안명(天眼命)·누진명(漏盡明)이다. 숙명명은 전생을 남김없이 아는 지혜이고, 천안명은 미래를 꿰뚫어 보는 능력이며, 누진명은 모든 고통의 원인이 되는 현세의 번뇌를 끊는 지혜이다. 즉, 과거·현재·미래의 모든 일을 남김없이 알고 있는 분이 나반존자이며, 나반존자는 이와같은 삼명의 능력으로 자리(自利)와 이타(利他)의 2리를 원만하게 이룬다는 것이다.

나도 이롭게 하고 남도 이롭게 하는 능력을 갖춘 나반존자는 마땅히 중생의 공양을 받을만한 자격이 있고, 그분 스스로 중생의 복을 키우는 큰 복밭(大福田)이 되어 미륵불이 출현하는 용화세계가 올 때까지 이 세상에 머물러 계신다고 한다.

현재 우리나라 대부분의 사찰에서는 독성기도를 많이 올리고 있다. 이는 나반존자의 영험이 매우 커서 공양을 올리고 기도하면 속히 영험을 얻게 된다는 데서 기인한다. 사찰에서 독성청(獨聖請)을 행할 때 외우는 글 중에서, "만약 공양의 의례를 베풀면 반드시 신통으로 감지하여 베푸니, 구하는 바를 좇아 모든 소원을 이루게 하지 않음이 없다"고 한 것을 통하여 쉽게 파악할 수 있다.

실지로 영험있는 독성기도도량 주변에는 부자가 되고 소원을 성취하였다는 내용의 영험담들이 많이 전하고 있다. 특히 운문사 사리암은 영험이 빼어나기로 널리 알려진 곳이다.

그래서 많은 사람들이 사리암을 찾아 사업이 잘 되게 하여 주고 복을 많이 내려 주십사고 기도를 한다. 이러한 기도는 분명 삿됨을 떠난 '사리(邪離)'의 기도가 아니다. 이 기도 속에는 '이기(利己)'라는 삿됨이 깃들어 있다. 깨달음을 얻기 위한 기도가 아니라 복을 받기 위해 기도하는 것이기 때문이다.

그러나 스님은 이를 막지 않았다. 기왕 기도를 하려면 더 지극히 할 것을 일깨우셨다. 지극한 마음, 지극한 정성으로 기도하면 나반존자의 감응이 반드시 있을 것이니 온 정열을 기울여서 기도하라고 하셨다.

실로 나반존자의 성격은 엄하고 무섭다. 기도하는 이는 마땅히 목욕재계하여야 하고 공양물도 제대로 갖추어야 하며, 정성도 지극히 기울여야 한다. 복을 구하는 이들에게 지극한 정성을 요구하는 것이다.

왜 나반존자는 지극한 정성, 지극한 마음의 기도를 요구하는 것일까? 바로 이 의문 속에 소원을 이루어 주는 나반존자의 자비와 참뜻이 깃들어 있으며, 스님이 온 정열을 기울인 기도를 하라고 일러주신 까닭이 담겨 있는 것이다.

그리고 대부분의 선사들은 독성이 소승(小乘)의 성자요, 중생들에게 복은 줄지언정 해탈의 세계로 인도하지는 못한다고 하여 그 존재를 크게 인정하지 않는 경향이 짙었다. 그러나 스님은 나반존자를 무시하지도 독성신앙을 배제하지도 않았다. 오히려 나반존자의 큰 신통을 올바로 알고 잘 믿을 것을 가르쳤다.

1955년 6월 9일, 세번째 사리암을 찾은 스님은 이렇게 시를 짓고 자문답(自問答)하였다.

무한한 가풍의 대도량이여

머리 들어 눈에 닿는 것이 다 참된 빛일세

땅의 형세 정교히 빼어나 강산은 볼 만하고

천기가 영명하니 해와 달은 양명하네

푸른 숲 속에는 꾀꼬리 소리 아름답고

옛 암자 문밖엔 냇물이 흐른다

흰 구름 떠도는 석굴에 어떤 일이 기특한가

나반존자의 신통 시방세계에 두루하네

　　無限家風大道場

　　擧頭觸目總眞光

　　地形精秀江山景

　　天氣靈明日月陽

　　碧樹林中鸎語滑

　　古庵門外水流長

白雲石窟奇何事
那畔神通徧十方

[문] 신통이란 무엇인가(神通之事如何否).
[답] 여기서 운문사까지 오리길이다(此去雲門半十里).

박복한 이 시대의 중생(衆生)에게 있어 운문사 사리암과 독성신앙이 큰 의지처가 될 수 있다는 것을 확신한 스님은 통도사 극락암에도 운문사 사리암에도 손수 마련한 나반존자의 소상(塑像)을 직접 봉안하였다.

1956년 5월 21일, 스님은 사리암에 봉안할 나반존자상을 모시고 밀양교당을 출발하여 사리암에 도착했다. 이튿날인 5월 22일, 스님은 불상을 봉안하고 7일 동안 기도를 하였으며, 기도를 마치고 돌아올 때는 작별의 글을 지어 운문사 사리암이 영원한 독성기도 영험처가 되기를 은근히 축원하였다.

흰 구름도 날아 날아서 가고
푸른 물도 흘러 흘러서 가고
왔던 손도 훨훨 훨훨이 가네
그 중에 청산은 만고에 변치 않고
이 절 주인과 함께 이곳을 지킨다네
흰 구름은 갈지라도 허공에 있게 되고
푸른 물은 갈지라도 창해에 있게 되고

왔던 손은 갈지라도 지구상에 있는 것을

밝고 밝은 저 태양과 명월은

멀고 먼 저곳과 이곳에

날마다 광명을 보내고 있으니

그 편에 소식 전하리라

하하 허허

운문사 사리암. 스님이 나반존자상을 모신 이후 이곳은 그야말로 전국 제일의 독성기도처가 되었고, 지금도 기도객의 행렬이 끊이지 않고 있다. 중생을 사랑하는 스님의 산 정신이 지금도 그곳에 깃들어 있는 탓이리라.

대본산 통도사 주지

벼 입찰경매

대본산(大本山) 통도사(通度寺). 불(佛)·법(法)·승(僧) 삼보 사찰 중 부처님의 진신사리를 모신 불교집안의 으뜸가는 불지종가(佛 之宗家)요, 금강산 유점사, 가야산 해인사와 함께 전국 삼대사찰의 명망을 이어온 유서 깊은 대가람이다. 스님은 1935년 9월 19일, 산중 대중들의 투표 결과 절대적인 지지를 얻어 4년 임기의 통도사 주지에 취임하였다.

당시 통도사 주지는 경상남도 지사와 서열을 같이하는 매우 높은 대접을 받았고, 승려들은 본산 주지가 되는 것을 큰 경사로 여겼다. 그러나 스님은 주지가 된 것을 기뻐하지 않았다. 주위에서 축하를 하면 '울어도 시원찮은 일'이라 하였고, 어리둥절해 하는 그들에게 이렇게 말씀하셨다.

"통도사 주지는 수백 명의 대중살림을 총괄하는 자리이다. '가지 많은 나무에 바람 잘 날 없다'고 하였듯이, 앞으로 나는 사람만 보는 것이 아니라 소도 보고 말도 보고 오만 잡사(雜事)를 다 보게 될 것이야. 이뿐만이 아니다. '주지 자리 하나면 지옥이 3천 개'라는 옛 말이 있다. 주지 노릇을 제대로 못하게 되면 화탕지옥·얼음지옥·칼산지옥이 한꺼번에 열리게 된다. 어찌 주지가 되었다고 기뻐할 것인가."

스님은 주위의 승려들에게도 '지옥 갈 각오를 단단히 하고 일을 할 것'을 당부하였다. 이러한 스님이었기에 사찰 일을 처리함에 있어서는 바늘 하나 들어갈 구멍도 용납하지 않았다.

먼저 스님은 통도사 논에서 생산된 벼를 경매입찰에 붙였다.

오늘날의 사찰 경영은 신도들의 시주금에 많이 의존하지만, 시주금이 거의 들어오지 않았던 당시에는 벼농사 수입이 사찰 운영자금의 대부분을 차지하고 있었다. 그토록 중요한 벼였지만, 스님이 주지를 맡기 전까지는 주지가 잘 아는 미곡상인에게 생산한 벼를 넘겨주었었다. 사찰에서 급전(急錢)이 필요할 때 그 미곡상인으로부터 쉽게 돈을 빌어 쓸 수 있다는 이유에서였다. 그렇지만 이 경우에는 암암리에 뒷거래가 성립될 뿐아니라 나락 값도 제대로 받을 수가 없게 된다.

스님은 주위의 반대에도 불구하고 이것만은 바로 세워야 한다며 매년 공개입찰에 붙였다. 1937년 1월 23일 스님의 일기에는 이렇게 기록되어 있다.

"사중의 벼를 입찰 경매하다. 언양(彦陽)에서.

1등품 3가마, 2등품 390가마, 3등품 605가마, 등외(等外) 109가마, 계 1107가마 내(內)에서 매 가마당 7원 85전씩 박현진이 사 가고, 사중창고 500석 매 석당 17원 39전에 황현암이 사 가다."

삼성반월교

　이렇게 스님은 통도사 경영에 다방면으로 마음을 쓰는 한편, 통도사 이름으로 야학교 설립 및 불교월보지의 후원, 역경사업 보조 등에 많은 힘을 기울였다. 특히 스님은 통도사 일주문 옆의 징검다리를 장마철에도 마음대로 다닐 수 있는 튼튼한 다리로 바꾸어 놓겠다는 원력을 세웠다. 왜냐하면 통도사 큰 절에서 보타암(普陀庵)·취운암(翠雲庵)·수도암(修道庵)·서운암(瑞雲庵)·사명암(四溟庵)·백련암(白蓮庵)·옥련암(玉蓮庵) 등의 암자로 가려면 반드시 이 계곡을 건너야 했기 때문이었다.

　그런데 막상 견적을 받아 보니 그 경비는 너무나 엄청난 것이었다. 통도사 1년 수곡의 판매대금이 1만 여원인데, 6천원을 들여 다리를 건설한다는 것은 무리가 있었다. 그러나 스님은 포기하지 않고 꾸준히 공사대금을 모았다.

　그러던 어느 날, 인천에 산다는 김치수(金致洙) 거사가 스님을 찾아 왔다. 아들의 한 쪽 다리가 불구인데, 소문을 듣자하니 통도사 도인스님이 직접 불공을 드려주면 영험이 클 것이라 하여 찾아 왔다는 것이다.

　스님은 그를 냇가로 데리고 갔다. 그리고 불공을 드려 아들의 다리를 낫게 하는 요행을 바라기 보다는, 계곡에 튼튼한 다리를 놓는 데 동참하여 수많은 사람의 다리 노릇을 해 주는 것이 더 큰 공덕이 된다는 것을 일깨웠다.

　법문을 들은 김치수거사는 크게 감동하여 그 자리에서 3천원을 시주하겠다고 약속하였다. 이에 스님은 그동안 모아 놓은 1천 3백원과 포담(抱潭) 스님으로부터 받은 2백원 등을 합하여 1937년 2월 17일 다리의 기공식을 가졌고, 이 해 6월 5일(음력 4월 27일)에 낙성식을 가졌다.

세 개의 무지개 석교로 아름답게 맵씨를 낸 이 다리의 이름은 삼성반월교(三星半月橋).

별 셋 밑에 반월을 그리면 마음 '心'자가 된다. 곧 이 다리를 건너면서 나의 참마음을 깨우쳐 보라고 이렇게 명명하신 것이다.

낙성식 날 스님은 법문을 했다.

"오늘 시절은 4월 남풍에 보리가 누렇게 익고, 산은 충충하고 물은 잔잔하며, 산 꽃은 웃고 들 새는 노래하네. 통도사를 창건한 지도 벌써 1300년, 그동안 이 시냇물에 이르러 몇 억만명이나 신을 벗고 건넜을 것인가. 오늘 삼성반월교가 조성됨은 인연이 도래하여 꽃과 열매가 맺어짐과 같도다."

그리고 스님은 김치수거사의 시주 인연을 밝혀 그를 치하하고, 낙성식에 참여한 모든 사람들에게 여덟 가지 복짓는 일에 대하여 깨우쳐 주셨다.

"여기 여덟가지 복전(福田)이 있다.

첫째는 광로의정(廣路義井)이다. 평원이나 광야의 물이 없는 곳에 우물을 파서 오고 가는 사람들이 목을 축일 수 있도록 하거나, 자기가 사는 동네에 물이 부족할 때 우물을 파서 온 동네 사람이 다 먹도록 해 주면 그것이 곧 큰 복을 짓는 것이다.

둘째는 건조교량(建造橋梁)이다. 많은 사람들이 옷을 걷고 건너 다

녀야 하는 곳이라면 어디든지 다리를 놓아서 옷을 걷지 않고 건너갈 수 있도록 해 주는 것은 큰 복이 된다.

셋째는 치평험로(治平險路)이다. 험한 길을 고르게 닦아 다른 사람들이 잘 다닐 수 있도록 해 주는 것이야말로 복이 된다.

넷째는 효양부모(孝養父母)이다. 자식된 사람은 부모에게 효도를 해야 복을 받는다. 우리 불자들은 법을 먼 데서 구할 것이 아니라, 내 부모가 곧 부처님이라고 생각할 줄 알아야 한다.

다섯째는 공경삼보(恭敬三寶)이다. 부처님과 진리와 승려들에 대한 신앙을 가지고 공경하는 것이니, 이 불·법·승 삼보를 공경할 줄 알아야 복을 받는다.

여섯째는 급사병인(給事病人)이다. 어떠한 사람이든지 병든 사람이 있거든 내 힘이 미치는 데까지 구완을 해 주면 복을 받게 된다.

일곱째는 구제빈궁(救濟貧窮)이다. 가난하고 궁해서 복을 못 짓는 사람에게 내 힘이 미치는 데까지 그 사람을 도와주면 그것이 복을 짓는 것이다.

여덟째는 무차법회(無遮法會)이다. 법회를 열어서 다른 사람들에게 법문을 들을 수 있는 기회를 마련해 주는 것이다.

사람은 능력껏 복을 지으며 살아야 한다. 우리 불자들은 매달 버는 돈 중에서 순이익의 십분지 일만 모아 두었다가, 어떠한 일이 있더라도 이 돈만은 부처님께 올린다는 마음을 갖고, 불사에도 쓰고 죽은 영혼을 천도하는 데도 쓰고 남을 구제하기도 하고 자선사업에 쓰도록 하시오."

남을 위한다는 것을 곧 나를 이롭게 하는 일. 비록 우리가 일평생동안 오로지 남을 위해 사신 부처님처럼 살지는 못할지라도, 각자의 능력에 따라 물질로써 육체로써 정신으로써 남을 돕고 남을 이롭게 해줄 것을 스님은 거듭거듭 당부하셨다.

일본불교계 시찰

스님은 1941년 3월 30일부터 5월 4일까지 36일 동안 일본불교계 시찰차 여행을 했다. 여행지는 경도(京都)와 동경(東京).

도인은 여행 중 무엇을 생각하였고 무엇을 어떻게 느꼈을까? 스님은 그 순간순간의 소중한 느낌을 일지에 함축성 있게 기록해 놓았다. 이는 오늘날의 우리가 마땅히 따르고 배워야 할 점이다. 특히 경도 일대의 유명 사찰을 돌면서 스님이 느낀 점은 광복 후 스님이 새로운 일을 구상하는데 밑거름이 되었다. 그러므로 스님의 일본불교계 시찰 때 쓴 일지 중 동경에 가기 전까지의 기록을 될 수 있는 한 그대로 옮겨, 우리 모두가 눈을 뜨는 데 다소나마 도움이 되게 하고자 한다.

3월 30일 일요일 맑음

오전 11시 50분 부산항에서 기선 금강환을 타고 출발, 이 날은 바다 위에서 보내다. 하오 8시 30분 하관(下關, 시모노세끼)에 도착하다. 하관에서 저녁 먹고 10시 50분에 경도행 기차를 타다.

3월 31일 월요일 맑음

오전 10시 30분 경도시에 도착하여 삼조(三條) 대교동이(大橋東二) 일승(日昇) 여관에 묵고 있는데, 동복사(東福寺) 안의 만수사(萬壽寺)에 머물고 있던 유종묵(柳宗默) 선사가 학인 10여 명을 인솔하여 여관까지 환영을 나와서 이야기하고 돌아가다.

4월 1일 개이고 밤에는 비오다

오전 10시 만수사에 머물고 있던 유학생 백양사 법려(法侶) 이상순(李尙純, 전 종정 西翁和尙) 선사가 일승여관까지 왔으므로 행구(行具)를 가지고 만수사로 옮기다. 동복사를 참배하고 만수사에 머물다.

4월 2일 수요일 맑음

오후 4시 경도 지은원(知恩院)을 참배하고, 오후 7시 묘심사(妙心寺) 동해암(東海庵)의 후등서암(後藤瑞岩) 노대사(老大師)가 《벽암록 碧嚴錄》을 강설하는데 가서 참석하다.

　　[감상]

· 지은원 원광대사(圓光大師)의 묘(廟)를 보니 한 사람의 은덕이 천대(千代) 뒤까지 미쳐서 중생을 이롭게 하는 것 같고, 또 오늘 여행을 하며 알아 보니 묘심사의 개산조인 무상조사(無相祖師)는 서서 열반하였다고 한다.

· 차 안에서는 노인과 부인과 아이들에게 자리를 양보하며, 가정에서 불경을 읽으면 주인은 기립자세로 듣는다.

· 공원에는 변소가 깨끗하며, 기다리는 이는 변소 문을 두드리지 않

는다.

- 1천명의 선당(禪堂). 마디 없는 나무로 지은 조실(祖室).
- 조사당(祖師堂)의 위패와 또 그것이 계속 이어져 온 것.
- 텅 빈 절에 주인은 없어도, 화원이 향기롭고 참배객들이 많고 꽃밭에 벌들이 잉잉거리는 것.

4월 3일 목요일 맑음

통도사 백련암 화엄산림 회향날이다.

오전 9시 동복사 조음당(潮音堂)에서 두 선사의 개당식(開堂式)에 참예하고 점심 먹다. 오후 7시 묘심사 동해암에서 후등서암 노대사의 《선해일란 禪海一瀾》 설법을 방청하다.

　　[감상]

- 개당식 위의(威儀)가 늠름한 고조(古祖)의 풍상(風相)이 전해져 있고 활발하였다.

4월 4일 금요일 오후에 비오다

오후 4시 50분 묘심사 동해암 후등서암 노대사를 방문하고 《선해일란》 설법을 방청하다. 후등서암 노대사가 여의(如意) 한 개를 선물하기에 받다.

4월 5일 토요일 비오다

이 날은 천기가 흐르고 비가 와서 필요한 물품을 사고 만수사에 머물다.

4월 6일 일요일 흐림

오전에는 만수사 유종묵선사와 이야기하고, 오후 2시 풍신수길의 묘에 들어가니 비석에, "振兵威於異之外 施恩澤於率土之間(병력의 위엄을 이국에까지 떨치고 은덕을 나라 안에 베풀었네)"라는 글이 쓰여 있었다. 또 경도박물관을 관람하다.

[감상]

· 사람들이 꽃나무 아래에서 꽃도 보고 그림도 그리고 사진도 찍는데, 다만 꽃나무만 알았지 자기의 보리화(菩提花)는 모르는구나.

· 분수에서 물이 공중으로 뿜어져서 바람을 따라 사방으로 비처럼 흩어진다. 부처와 조사의 법우(法雨)도 이와같이 인연따라 설법하여 중생을 제도하는구나.

4월 7일 월요일 흐림

오전 11시 반에 경도 청수사(淸水寺)에 가서 산천을 관람하다가, 조선불교의 부진과 부처님 은혜를 생각하며 비관하여 눈물이 흐르다.

[감상]

· 육탄삼용사(肉彈三勇士)의 묘에 향연기가 끊기지 않으니, 중생을 위해서 죽어야 할 때 죽으면 영원히 사는 것과 같다.

· 지장보살상을 물로 씻기지만 부처님은 때가 없으니, 중생 너희들의 마음이나 씻음이 어떤가.

· 갑옷과 철 육환장과 쇠로 만든 신발은 움직여 보아도 꿈쩍하지 않는다. 힘있는 자만 사용이 가능하다.

4월 8일 화요일 흐림

오전 9시 경도신 신정(新町) 조선촌(朝鮮村)에 가서 김월영을 만나 함께 동본원사(東本願寺)와 서본원사(西本願寺)의 33칸집(三十三間堂)을 참배하다.

[감상]

- 동본원사는 전부 괴목으로 지었고, 대들보를 끌어올리기 위해 신도들의 머리카락을 잘라 만든 밧줄(頭髮繩)을 보니 일본불교도의 믿음이 위대함을 느끼게 한다. 목조 건축물로는 이 절이 세계 제일이라 한다.
- 33칸집 안에는 42수(手) 11면(面) 관세음보살이 1천 위(位)가 있다. 가히 사람의 눈을 놀라게 한다.

4월 9일 목요일 오후에 비오다

오전에는 만수사의 총림규정(叢林規定)을 열람하고, 오후 2시 경도 동물원을 관람하다.

[감상]

- 길을 몰라서 전 시가지를 전차로 한 바퀴 돌고 겨우 동물원을 찾았다. 공부도 지도자가 없으면 이와같은 것이다.
- 사람은 입장권을 팔아 이익을 취하나 자유를 잃은 동물은 고생스럽게만 보인다. 가련하여 경을 읽어 주었다. 우리 인간들이 반성하여 모든 악을 짓지 말아야 영겁에 고(苦)가 없어지련만…….

4월 10일 목요일 흐림

오전 9시 임제중학교장 삼도(森島)씨를 방문하고 묘심사에 가서 불공예식(佛供禮式)을 관람하다. 대본산 묘심사 선원에 들어가니 최초에 선원 창립자가 쓴 '金毛窟'이라는 현판이 있고, 주련(珠聯)에는 "助佛揚化 普利群生 佛法久住 作大福田(부처님의 교화를 도와 널리 군생들을 이롭게 하고 불법을 오래 머물게 하여 큰 복전을 지을지니)"라는 글이 적혀 있다.

　[감상]

· 승당의 당직 수좌(首座) 3인이 문 앞에 엎드려 있는 것과 수도하는 수좌의 고행을 조선 수좌와 비교해 보면 그들의 고행을 칭찬하지 않을 수 없다.

4월 11일 금요일 맑음

오후 2시 이상순씨와 함께 경도시 산과(山科) 광천임지(光泉林地) 안의 일등원(一燈圓)으로 가서 서전천향(西田天香) 선생을 방문하고 오랫동안 담화한 다음 일등원을 관람하다.

서전선생은 70세이고 수양하는 이는 420명, 현재는 170명.

40년 전 아무 것도 먹지 않고 거의 죽어가다가 홀연히 아이 우는 소리를 듣고 인생의 사는 길을 깨달았다고 한다.

돌아오는 길에 남선사를 관람하고 저녁차를 마시고 도용(都踊, 서울의 춤)을 구경하다.

　[감상]

· 서전선생은 40년간 고심한 결과 대사업을 이루어 2백만원의 재단을

152

설립하였다. 과연 지성이면 신통(神通)이로다.

4월 12일 토요일 맑음

오전 8시 이상순씨와 경도를 출발하여 오후 3시 고야산(高野山) 총지원(總持院)에 이르다. 금강봉사(金剛峰寺)·용광원(龍光院)·고야중학·고야대학과 도서관을 시찰하고 총지원에서 자다.

고야산의 사찰은 천백년 전 진언종 홍법대사(弘法大師)가 개산하다. 산세는 연화팔엽봉(蓮花八葉峰)으로 되어 있다.

　　[감상]

· 홍법대사 시절에는 세간의 죄인이라도 이 절에 들어오면 죄가 사면되었고 여인의 기숙은 허락되지 않았다.

· 높은 봉우리에 있는 전차와 많은 사람들의 결연(結緣), 성덕태자(聖德太子)의 원불(願佛)이 있다.

4월 13일 일요일 비 오다

오전 6시 40분 고야산 총지원에서 아침 밥을 먹고 출발하여 법륭사(法隆寺) 성령회(聖靈會)에 참석하다. 작법(作法) 등 승무법식(僧舞法式)을 보고 세계 제일의 벽화와 고불(古佛)을 참관한 다음, 동대사(東大寺) 대불을 참배하고 오후 8시경에 만수사에 오다. 하루종일 비가 오다.

4월 14일 월요일 흐림

오전에는 만수사에서 쉬고, 오후에는 유학생 최치봉·김대지가 병으로 신음한다기에 기숙사로 가보다.

4월 15일 화요일 맑음

오전 9시 동산구(東山區) 동복사(東福寺)에 가니 조사당(祖師堂)에서 공양을 올리며 경을 읽는 의식을 하고 있어 참견하다. 오후 1시 이상순씨와 경도 황벽산 만복사(萬福寺)를 참배하다. 지금부터 3백년 전에 은원조사(隱圓祖師)가 개산하였는데, 이 절에는 14대까지 지나(支那, 중국) 사람이 와서 산 절이다.

식당은 선열당(禪悅堂)이라 제(題)하고, 선실에는 '獅子吼'라는 현판이 있다.

4월 16일 수요일 맑음

오전에는 만수사에서 편지를 쓰고, 오후에는 경도 시내에 가서 책을 3권 사 오다.

김진우 형한테서 편지가 왔는데, 무안의 누님이 음력 3월 7일 병이 나서 8일에 입적하였다 하므로 놀라움을 이기지 못하다.

4월 17일 목요일 맑음

오전 9시 경도 동복사에서 개산조 제사를 지낸다 하므로 참석하다.

오후 4시 통도사 유학생들이 거주하는 곳에 가서 아픈 학생을 문안하고 다음날은 학생 3명을 중학 1학년에 입학하게 하다.

154

4월 18일 금요일 비 오다

오후 1시 이상순선사와 경도 은각사(銀閣寺)와 어소(御所)를 참관하고 책을 사 오다.

오전 9시 동복사 불공법요(佛供法要)를 참관하다.

4월 19일 토요일 맑음

오전 9시 이상순선사와 금각사(金閣寺), 대운산 용안사(龍安寺), 인화사(仁和寺) 벚꽃과 남산(嵐山) 법륜사(法輪寺)를 참관하다.

4월 20일 일요일 맑음

오전 9시 이상순선사와 비예산(比叡山) 연력사(延曆寺) 각원(各院)을 참관하다. 전교대사(傳敎大師)가 개산하고 천태종 지자대사(智者大師) 등 여덟 분의 조사(祖師)가 이 산에서 수학하여 타산(他山)의 개산조가 되었다고 한다. 천태종의 대본산이다. 거금 1154년 전 전교대사가 19세 때 이 산에서 초암(草庵)을 짓고 도업을 수행하였다 한다.

오후 3시 배를 타고 석산사(石山寺)로 가서 참배하다.

오후 8시 신경해(辛鏡海) 경도역에 내렸다 한다.

　　[감상]

· 연력사 근본중당(根本中堂) 본존불 앞의 상주삼등(常住三燈)은 당산초암(當山草庵)으로부터 금일까지 1050여 년을 전해 내려온다.

· 조종(祖宗)의 광명은 부처님의 뒤를 이어 빛을 전하는 법등(法燈)이다.

이상으로 스님의 경도 일대 불적순례는 모두 끝났다. 이튿날 스님은 통도사 신경해선사와 만났고, 그 다음날 함께 경도를 출발하여 동경으로 향했다. 동경에 머무르는 열흘 동안 스님은 정국신사(靖國神社)·원각사(圓覺寺)·건장사(建長寺)·증상사(增上寺) 등의 사찰과 각종 교육기관을 둘러보았고, 유학생들을 만나 부지런히 공부할 것을 독려하고 귀국하였다.

스님은 1910년부터 66년 동안 일기를 썼다. 그 중 일정기간을 하루도 빠뜨리지 않고 기록한 것은 오직 일본불교 시찰 때 뿐이다. 더욱이 이때의 일기에는 [감상]까지 곁들였고, 그 [감상]은 도인스님의 훈훈하고 따뜻한 인간미를 느낄 수 있게 한다. 그리고 우리 불교계의 잘못된 점과 일본 불교계 및 일본 사회의 좋은 점을 제대로 배우고자 했던 스님의 자세는 우리에게 큰 교훈을 던져주고 있다. 가히 배우고 따라야 할 일이리라.

새물결을 위하여

허수아비

일본에서 돌아온 스님은 1941년 6월 4일 통도사 주지를 그만둔 뒤 3년 동안 맡았던 양산 내원사 주지를 박대야(朴大冶) 선사에게 인계하고 통도사 극락암에만 머물렀다. 조국이 광복되는 그날까지 채소밭을 가꾸고 고추 파종, 도마도 파종 등의 밭갈이 일을 하면서 편안하고 여유 있는 나날을 보냈다. 때로는 김장일을 거들고 메주콩을 쑤었으며, 간장을 담그기도 했다.

1944년 2월 22일 스님의 일지에는 다음과 같은 기록이 있다.

"오전에 간장을 담그다. 콩 6말, 물 36동이에 소금(청염) 2가마 반. 매 동이마다 소금 고두 1되 평두 1되를 넣다. 메주가 98덩이, 3독에 넣었는데 큰 독에는 39개, 작은 독에는 28개가 들어갔다. 백소금이면 고두 2되가 적당하다."

또 어느 날에는 손수 풀로 만들어 콩밭에 세워 놓았던 허수아비를 대상으로 삼아 시를 짓기도 하였다. 조그마한 짐승들은 그 허수아비를 보고 콩밭으로 들어가지 못하는데, 밭을 매는 소가 한밤중에 들어가서 콩뿐만 아니라 허수아비까지 모두 먹어치워 버린 것이다. 스님은 손뼉을 치고 '허허' 웃으며 읊조렸다. 제목은 '허수아비(偶人)'.

마른 풀로 사람을 만들어 옷을 입혔더니

들새와 산짐승들 사람인 줄 의심하네

흉년과 험한 세상 아랑곳도 안하는 객

호적에 빠졌으니 전쟁에도 징병 않네

서 있는 그 모습은 언제 봐도 춤추는 듯

형용은 야밤중에 더욱 선명하지만

힘도 있고 눈까지 밝은 집소는

곧바로 밭에 들어가 허수아비를 먹어버렸네

枯草弊衣化作人

野禽山獸總疑眞

荒年險世無憂客

戰國徵兵漏籍民

態勢長時終似舞

形容深夜更生新

家牛有力兼明眼

直入田中喫偶身

진정 허수아비는 누구이고 산새와 산짐승은 무엇이며 집소는 누구인가? 우리 또한 허수아비에 속아 산새나 산짐승처럼 사는 것이 아닌가? 그렇지만 소처럼 뚜렷한 원력(願力)과 지혜의 눈을 가진 이라면 그 어떤 일에도 속지 않고 참된 주인공이 되어 살 수 있을 것이다.

또한 이 시절에 스님은 수제자인 법인(法印, 통도사주지·종회의장·동국대 재단이사장을 역임했던 碧眼큰스님의 법명)을 비롯하여 여러 제자들을 양성하였으며, 극락암을 찾아오는 참선 수행승의 지도에 몰두하였다.

물론 이 시절에도 스님에게 종단의 일에 참여할 것을 권하는 이는 많았다. 특히 총독부의 고위직 관리들은 통도사로 스님을 찾아와서 조선불교선교양종총본산(朝鮮佛敎禪敎兩宗總本山)의 삼부장(三部長)에 취임해 줄 것을 강력히 권유했다. 그러나 스님은 '산승(山僧)인 나의 할 일'이 아니라며 사양하였다.

오히려 스님은 총본산과 반대의 입장에 있는 선학원(禪學院)을 도왔다. 그리고 전국 여러 선원이나 참선 수행인들이 선에 대해 물어오면 일일이 답장을 써서 그들의 경지를 점검해 주었다.

대동아전쟁이 온나라의 인심을 각박하게 몰아붙였던 시절, 스님은 이렇게 자연과 벗하고 수행인들과 대화를 나누면서 조국이 광복될 그 날을 기다렸다.

선학원 이사장

1945년 8월 15일, 드디어 조국 광복의 그 날은 왔고 전국 방방곡곡에서는 '조선독립만세'의 함성이 터져나왔다. 스님은 너무나 기뻐 경축의 시를 지었다.

　　동해 반도에 새 가을을 맞을 즈음

　　만국전쟁은 이 날 모두 끝났다

　　길이 빛나거라 순국절사의 공명이여

　　와신상담한 충렬들 그 근심이 얼마였던가

　　이제 매화 난초 은은한 미소 뭇 향기 압도하고

　　강물과 바닷물 한 맛으로 흐르네

　　풍진이 다 지나가 국민이 즐거워하니

　　앞으로는 마땅히 태평세월 누리리라

　　扶桑半島到新秋

　　萬國干戈此日收

　　殉節功名長歲活

　　臥薪忠烈幾時愁

　　梅蘭暗笑衆香壓

　　江海相和一味流

　　歷盡風塵民快樂

　　也應今後太平遊

　　광복과 함께 모든 분야에 새물결이 일어났듯이 불교계에서도 친일
불교를 혁신하고 부처님의 제자답게 살자는 운동이 크게 일어났다. 그
운동은 선학원을 중심으로 시작되었고, 그와같은 선학원을 이끌어 줄
인물을 찾은 결과 '이치(理)에도 걸림이 없고 일(事)에도 통달한 경

봉대선사가 적임자'라는 데로 모아졌다.

1945년 9월 24일 이사회를 개최한 선학원은 스님을 이사장으로 추대했다. 이 때 스님은 기본 원칙을 세웠다.

"우리는 정치적인 일에 참여하지 말고 오로지 불교개혁에만 참여하자."

그리고는 조선불교총무원 총무원장인 김법린(金法麟) 화상을 만나 불교계 개혁에 대해 서로 협력할 것을 논의하였고, 자리다툼보다는 불교의 올바른 포교가 선행되어야 한다며 선학원에서 《선문촬요 禪門撮要》·《반야심경》 등 우리나라 선불교의 주요 전적들에 대한 강설을 계속하였다.

그러나 일이 쉽게만은 풀리지 않았다. 총무원과 선학원의 대립이 시작된 것이다.

김법린 총무원장은 미군정 장관 하지중장을 만나 일본 사찰을 인수하기로 하고, 그 중 남산에 있는 일본 사찰 조계사(曹溪寺)를 선학원에 주기로 하였으나, 그곳에 학교를 짓는다는 이유로 총무원 측에서 약속을 파기하였기 때문이다.

그렇지만 이것은 표면적인 이유에 불과했다. 그 대립의 진원은 보다 깊은 데 있었다.

이 땅을 강제로 빼앗은 일제는 1911년 6월 사찰령(寺刹令)을 반포하여 승려의 결혼을 강요하였고, 대처승들을 본산 주지로 임명하여 우리 불교의 전통을 말살하고 일본식 불교로 바꾸어갔다. 이에 남전(南田)·석두(石頭)·도봉(道峰) 등 뜻있는 선사들이 불교의 왜색화를 막고 선종 중심의 불교를 회복하는 운동의 일환으로 선학원을 창립하였으며, 사찰령의 지배를 받지 않기 위해 사(寺)·암(庵)이란 이름을 쓰지 않고 원(院)이라 하였던 것이다.

그 뒤 이 운동에는 만공(滿空)·학명(鶴鳴) 등 당대의 고승과 청정 수행승들이 대거 참여하여 전국의 선원을 규합하고 일반 신도들에게 선(禪)을 보급하였다. 광복 무렵의 선학원은 매우 큰 세력을 형성하고 있었으므로 총무원으로서는 견제하지 않을 수 없었다. 더군다나 총무원은 대처승이 중심세력을 형성했고, 선학원은 청정수도승이 중심을 이루었기 때문에 더욱 두려운 존재로 부각되었던 것이다.

1946년 11월 조선불교총무원은 새로운 종헌(宗憲, 당시에는 敎憲이라 함)을 반포했다. 그러나 일제 치하의 잔재를 혁신하는 종헌이 아니라 일제의 사찰령에 약간의 자구만 수정한 것에 불과했다.

이에 스님은 서울로 올라가 선학원 건의서를 총무원에 제출했다.

1. 대의원 3인은 선학원 스님으로 할 것.
2. 모범 총림(叢林, 종합수련원)을 불조청규(佛祖淸規)에 의해 건설하고 자본금 5백만원을 지원할 것.
3. 중앙선원을 확장할 것.
4. 지방선원의 운영을 자치제로 할 것.
5. 지금부터 양성하는 승려는 선원에서 3년 동안 안거(安居)하도록 할 것.

그러나 총무원 측은 이를 묵살하였다. 새로운 종헌에 분노한 것은 선학원뿐만이 아니었다. 불교청년단·불교여성총동맹·혁명불교도연맹·선우부인회(禪友婦人會)·재남이북승려회·불교혁신연맹 등 6개 단체 역시 한국불교의 정통성을 되찾는 종헌을 마련해야 한다고 주장하였다.

1946년 11월 30일, 선학원과 이들 6개 단체는 공동으로 성명서를 발표했다.

일제의 사찰령을 그대로 답습한 종헌을 인정할 수 없음은 물론이요, 총무원이 재원의 전환이라는 명분 아래 영리적인 주식회사 설립을 획책하고 전혀 실현 가능성이 없는 장래 계획을 공공사업으로 내세우면서 사리사욕을 채우려 한다는 것이 성명서의 중심내용이었다. 아울러 총무원이 문호를 개방하지 않고 모든 일을 폐쇄적으로 처리함도 지적하였다.

그리고 이들 7개 단체가 함께 힘을 모아 불교혁신총연맹본부를 조직하고, 스님을 위원장으로 추대했다.

그러자 총무원 측은 불교혁신총연맹 측에 몇 명의 공산주의자가 개입되어 있음을 파악하고 총연맹에 관계하는 사람 전부를 좌익으로 몰아붙였다. 그리고 선학원을 '공산주의자의 소굴'이라 지칭하면서 이 기회에 선학원을 없애야 한다고 주장하였다. 그러나 당시에 공산주의자가 침투하지 않은 단체가 몇이나 있었던가.

1947년 5월 6일 스님을 포함한 불교혁신총연맹 간부 8인은 종로경찰서로 연행되어 이틀 동안 고초를 당하였으나, 대표자들 그 누구에게도 혐의점을 찾을 수가 없게 되자 다음날 석방하였다.

풀려 나온 스님과 대표들은 5월 8일 태고사(太古寺, 지금의 조계사)에서 전국불교도대회를 열었고, 5월 12일에는 조선불교총무원과 대응

하는 조선불교총본원(朝鮮佛敎總本院)을 결성하였다.

곧이어 통도사로 내려온 스님은 통도사 교무회의 및 대중회의를 열어 총무원을 탈퇴하고 경남교구 재편성을 결의했다.

그러자 대처승 무리의 총무원 측은 정치 권력을 등에 업고 경찰을 동원하여 불교혁신총연맹 측의 몇 안되는 사찰까지 빼앗아 버렸다. 그러나 총무원 측은 오래지 않아 이 재산을 유야무야하게 흩어버리고 말았다. 뿐만 아니라 총무원 간부들은 돈을 받고 주지직이나 총무원 간부직을 팔았고, 광복사업을 추진한다면서 신도들로부터 모금한 180여 만원을 유용했으며, 대동아전쟁 재해동포 원호를 구실로 삼아 부정을 저지르기까지 하였다. 특히 1948년 4월 교정(敎正) 박한영(朴漢永) 대강백이 입적한 직후에 총무원 모간부스님의 40만원 부정사건이 알려지면서 조선불교총무원은 세인의 비난을 면치 못하게 되었다.

이러한 때에 스님을 중심으로 한 선학원 측은 전체 불교계를 정화하겠다는 원력 아래 힘을 더욱 키워나갔고, 그 힘은 6·25사변 후의 불교정화운동으로 분출되었다.

우리는 선학원 이사장으로서, 불교혁신총연맹의 위원장으로서 혼신의 힘을 바친 스님 그 자신이 6·25 이후 왜색불교의 척결과 청정교단 회복을 위해 일어났던 불교정화운동의 근원적인 힘이 되었다는 사실을 잊어서는 안될 것이다.

통도사에 총림을

광복 후 불교계에 새물결을 불러일으키고자 백방으로 노력했던 스님의 마음 속에는 또다른 뜻이 간직되어 있었다. 그것은 스님의 출가본사(出家本寺)요 전국 3대사찰의 하나인 통도사를 총림(叢林)으로 만드는 일이었다.

일찍이 스님은 일본불교계 시찰을 통하여 참된 수행승을 양성하는 종합수도원의 필요성을 절감하였었고, 선학원 이사장으로 있을 때도 모범총림을 건설하여 부처님과 조사들이 제정한 청규(清規)에 따라 운영할 것을 총무원 측에 건의하였었다. 적어도 삼보사찰인 통도사·해인사·송광사에서는 총림을 해야 한다고 판단하셨던 것이다.

다행히 해인사는 1946년 겨울을 맞아 인재 양성을 위한 가야총림(伽倻叢林)을 만들었으나, 통도사와 송광사의 승려들은 총림을 할 뜻을 가지고 있지 않았다.

스님은 여러 스님을 찾아다니며 총림의 필요성을 역설했다. 그러나 행정을 맡은 대부분의 승려들은 뜻이야 좋지만 재정 형편 등 여러 가지 이유가 있으므로 '불가(不可)'하다는 반응을 보였다.

그렇지만 해방과 함께 일본에서 유학을 하고 돌아온 젊은 학승(學僧)들은 스님의 뜻을 전폭적으로 지지했다. 그들은 도덕과 학식을 겸비한 스님이 주지가 되어 통도사를 일신해야 한다고 강력히 주장하면서, 주지 선거운동에 적극 앞장을 섰다.

드디어 1948년 9월 26일, 광복 후 제2세 통도사 주지 투표일이 다가왔다. 당시의 투표는 비삼망제(秘三望制)로 이루어졌다. 중앙의 총무원 사람이 내려와서 그들이 정한 후보 3명을 적어놓고 투표를 하도록 한 것이다. 후보자는 스님과 이일우(李一牛)·구송계(具松溪) 선사.

이 투표에 대해 통도사 승려들의 반발은 매우 컸다. 막상 주지를 하겠다며 벼르고 있었던 최대붕(崔大鵬)·김포광(金包光) 스님은 후보자 명단에 올라 있지도 않았고, 스님은 이미 주지를 한 분이니 하지 않는 것이 마땅하다고 생각하는 이들이 많았다.

유권자 305명 중 2백명 가량만 투표장에 참석했고, 그 중에서도 투표한 사람은 165명에 불과했다. 스님은 98표를 얻어 주지로 당선되었다.

그러나 투표의 후유증은 여간 심각하지 않았다. 여러 승려들이 찾아와 권고사면을 종용하는가 하면, 사면을 결의하기 위한 사중회의(寺中會議)를 허락도 없이 열었으며, 스님의 인장을 도용하여 주지직 사면 약서(約書)를 위조하기까지 하였다. 평소 때 같으면 스님 스스로조차 용납하지 않을 주지직이었지만, 총림을 만들겠다는 일념으로 스님은 이들 모두를 묵살하였다.

당시 스님은 사람들의 심정을 관찰하고 미소를 지으며 시 한 수와 시조 한 수를 읊조렸다.

취한 듯 미친 듯 세상의 말자(末者)여

미한 듯 깬 듯하니 누가 감히 측량하랴

시비와 장단은 그대에게 맡기노니

우습다 뭇 세정을 내가 먼저 알겠구나

如醉如狂世滓漢

似迷似悟人難曉

是非長短任君說

笑殺群情勘破了

미치고 바르게 된 이 물건 어딨으랴

미하고 깨친 것을 이 세상 누가 알리

시비는 그대에게 미루고 나는 웃고 마노라

1949년 5월 27일, 우여곡절 끝에 스님의 주지 진산식(晉山式)은 거행되었다. 그날부터 스님은 총림 설립을 위한 실무작업에 착수했다. 승려 교육과 포교 방법, 토지와 산림의 관리 및 수도원 설립 건에 대해 구체적으로 의논하였다. 그리고 재정 확보를 위해 만든 통도영림사(通度榮林社)의 운영자금 2백만원을 조흥은행 부산지점에서 빌리는 절차를 밟았다.

특히 스님은 살아 있는 부처를 배출할 수도원 운영에 많은 계획을

가지고 있었다. 이름은 해동수도원(海東修道院)으로 정하였고, 한암
(漢巖) 선사를 수도원의 종주(宗主)로 모시고자 곡천(谷泉)과 대야
(大冶) 스님을 오대산으로 보내었다. 이 때 한암선사는 다음과 같은
답장을 보내왔다.

편지 잘 받았습니다.

대법체후(大法體候) 만복하시다니 기쁩니다.

편지의 뜻은 잘 알았습니다만, 중원(重遠, 한암선사의 법명)의 병은
깊고 몸은 약해서 근근히 이 그림자 같은 물질을 지탱해 가고 있습니
다. 하물며 나이 팔순에 가까운 늙은 것이 종주(宗主)의 청장(請狀)
을 받아간다면 망령된 행동이고 큰 수치가 될 것입니다. 어디에 뒷방
이나 비워두시면 살아생전 함께모여 정담이나 나누겠으니, 이렇게 보
류합니다.

탄허(呑虛)가 나보다 학식과 문필이 천만억 배나 낫고, 또 십육칠
년간 나와 함께 정진하였으니 수도원에 임시로 수좌(首座)로 두어 두
시면 좋은 일이 있을 듯합니다. 그리 알고 처리해 주십시요.

종주는 언제라도 스님이 적임자이니 다른 생각은 마십시요.

그만 정신이 피로하여 이만 줄입니다.

8월 15일

弟 重遠 답장 올림

이렇듯 총림을 만들기 위한 여러 가지 일을 하고 있을 때, 반대파에
서는 스님이 빨갱이들과 접선하였다고 모략하였다.

당시 양산경찰서 이종구서장은 평소 스님을 깊이 존경하고 자주 찾아와서 법문을 듣는 불자였다. 이 경찰서장이 출장을 가고 자리를 비운 1949년 12월 9일, 사찰계장 김해수는 스님을 경찰서로 불러 취조하였다.

"9월과 10월, 빨갱이를 잡는 야산대(野山隊)에게 15만원을 주지 않은 것은 당신이 빨갱이들과 한 패이기 때문이지 않소? 선학원도 빨갱이의 소굴이라던데, 이사장까지 지낸 당신이 어찌 빨갱이 물이 들지 않았을 리 있나. 바른대로 대시오."

얼토당토 않은 죄목을 덮어 씌우면서 김해수는 이틀 밤낮 동안 갖은 고문을 가하였다. 전기고문은 물론, 주리를 틀고 팔다리를 함께 묶어 매달고는 몽둥이로 사정없이 구타하였다.

그 고문은 실로 죽을 고통이었지만 스님은 깊은 선정(禪定)에 들었다. 평소의 정진력, 자기 공부를 한 힘으로 선정에 들자 스님은 어떠한 고통도 느끼지 않았다. 팔다리를 비틀고 온 전신을 구타하였지만 스님은 한없이 고요한 무아(無我)의 경지에 들어가 있었다.

고문을 당하면서 깊은 선정에 들 수 있다는 것은 스님의 경지가 세인의 상식을 넘어서고 있음을 보여주고 있는 것이다. 참선 수행이 깊어지면 밥을 먹거나 말을 할 때 삼매의 경지에 이를 수 있다. 그리고 꿈 속에서도 삼매에 들 수 있게 된다. 그러나 사지를 비트는 고통 속에서 깊은 선정에 든다는 것은 거의 불가능하다. 참선 수행의 극치라고 하는 오매일여(寤寐一如)의 경지를 넘어설 때만 이와같은 선정력을 얻을 수 있는 것이다. 비록 도를 깨달았다 할지라도 이토록 깊은 선정력을 얻은 이는 당대에 한두 분 있을까 말까 하다. 스님은 바로 그와같은 최상의 선정력을 얻은 분이었다.

마침내 고문을 가하던 김해수는 제 풀에 나가떨어졌고, 출장에서 돌아온 경찰서장은 노발대발하면서 취조고문자 김해수를 파면하였다. 그리고 스님께 백배사죄하고 통도사로 모셨다. 당시 경찰서에서 돌아온 스님은 이렇게 말씀하셨다.

"내가 주지를 한 것은 사욕(邪欲)을 차리기 위해서가 아니라 우리나라 제1의 사찰 통도사에 꼭 필요한 총림을 만들어야 한다는 원력 때문이었다. 모든 것은 시절인연(時節因緣)이 있는데 지금은 그때가 아닌가 보다."

이는 당시 통도사에 계셨던 해인사의 일타(日陀) 선사가 스님께 직접 들은 말씀이다.

그뒤 스님은 얼마 동안 신병(身病)을 치료하다가 1950년 3월 6일 대중회의에서 주지직을 사면하고, 밀양 무봉선원(舞鳳禪院)으로 옮겨 선정삼매의 나날을 보냈다. 그야말로 스님은 쉬고 쉬는 무심도인(無心道人)이 되어, 스스로 다가서는 새로운 시절인연을 맞이하고 있었던 것이다.

〈제5장〉

다함없는 광명의 빛으로

극락의 종주(宗主)

밀양 무봉선원에서 조용한 나날을 보내고 있던 1953년 2월 30일 오후 1시 30분, 좌선을 하던 스님은 홀연히 마음부처가 방광을 하는 자리인 심불방광처(心佛放光處)를 알았다. 마음부처가 방광을 하는 자리를 알았다는 것은 바로 마음부처를 자재롭게 활용할 수 있게 되었다는 것이다.

우리의 본성인 마음자리를 이론적으로 아는 것과 요달(了達)하여 체득하는 것과는 하늘과 땅의 차이가 있다. 그리고 마음의 이치를 요달하고 체득했다 하더라도 자유자재로 활용하는 경지에 이르기까지에는 많은 시간이 걸린다.

생사(生死)의 문제에 있어서도 마찬가지이다. 생사가 없는 이치를 아는 것(知無生死)과 생사가 없는 이치를 증득하는 것(證無生死), 생사가 없는 것을 자유자재로 활용하는 것(用無生死)에는 상당한 차이가 있는 것이다.

스님은 이미 26년 전(1927년)에 대오(大悟)하여 마음자리를 요달하고 체득하였었다. 스님이 '심불방광처를 알았다'고 하신 것은 이제 절대적인 활용의 경지에 이르렀음을 뜻하는 것이다. 드디어 스님은 언제 어느 곳에서나 뭇 생명있는 자들에게 감로(甘露)의 법문과 깨달음의 빛을 선사할 수 있게 되었다. 스님은 그 날의 일지에 이렇게 적었다.

"좌선을 하다가 심불방광처를 알았으며, 임금의 용상(龍床)에서 좌정을 한 것 같아 심신이 상쾌하였다."

이해 11월 3일, 스님은 62세의 나이로 통도사 극락호국선원(極樂護國禪院)의 조실(祖室)로 추대되었다. 아미타불이 서방 극락정토의 교주(敎主)가 되신 것처럼 스님은 극락호국선원의 종주(宗主)가 되신 것이다.

이날부터 스님은 열반의 그날까지, 30년을 극락암에 머물면서 전국의 선객(禪客)을 제접하였고, 쓰러져가던 선풍(禪風)을 드높여 한국불교의 선종사(禪宗史)를 수놓았다. 스님은 막힘없는 설법과 선문답으로 지혜를 여는 교량이 되었으며, 통도사뿐 아니라 동화사(桐華寺)·내원사(內院寺) 등 여러 선원의 조실(祖室)도 겸하여 수좌들에게 오도(悟道)의 길을 밝혀주었다.

온화하고 자상한 자비와 청렴하고 검소한 가풍(家風)을 지닌 대도인 경봉큰스님.

출세간의 진리인 이(理)에 통달한 도인들은 일반적으로 세간사(世間事)에 밝지 못하다. 날카로운 선지(禪旨)는 갖추고 있으나 남의 사정을 살펴주는 일에는 등한시하기 마련이다.

그러나 스님은 이(理)에도 밝았고 사(事)에도 밝았다. 남의 사정도 잘 알아주고 대중의 분위기도 잘 파악하였다. 큰 일 작은 일 가릴 것 없이 미세한 부분까지 보살펴주셨고, 노인이면서도 신세대의 젊은이를 잘 이해해 주었으며, 법을 구하러 찾아오는 불자들을 언제나 부드러운 미소로 맞아들였다.

이렇게 스님은 활달하고 꾸밈없는 언행(言行)으로 세간과 출세간 사이를 소요자재(逍遙自在)하였으므로, 항상 열려진 스님의 문호(門戶)에는 언제나 구도자들이 가득하였다. 수행승은 물론 어린 학생이나 촌부(村婦)들까지도 자상하게 맞아들여 그들의 정신을 일깨우는 가장 적절한 법문을 들려주었으므로, 스님을 친견한 이들이 극락암의 문을 나설 때는 마음 가득 '평생의 양식이 될 그 무엇'을 담아가지 않음이 없었다.

또한 한시(漢詩)와 시조와 필묵(筆墨)에 조예가 깊었던 스님은 고졸미(古拙美) 넘치는 선묵(禪墨)과 선화(禪畫)를 많이 남겼다. 때로는 신필(神筆)·도필(道筆)이라 일컬어지는 선필(禪筆)로 설법을 대신하였고, 때로는 어린아이처럼 천진한 재담으로 중생의 근기(根機)를 채워주곤 하셨다.

82세 때인 1973년부터는 매월 첫번째 일요일에 극락암에서 정기법회를 열었는데, 90 노령에도 시자(侍者)의 부축을 받으며 법좌(法座)에 오르셨고, 청법자도 매회마다 수천 명씩 모여들었다. 산중 암자에 매달 이와같은 수의 대중이 운집하였다는 것은 우리나라 1600년 불교사를 통하여서도 쉽게 찾아 볼 수 없는 일로서, 스님의 법력(法力)과 중생교화의 원력이 이와같은 신기원 창조를 가능케 하였던 것이다.

한편으로 스님은 가람수호(伽藍守護)에도 많은 힘을 기울였다. 이미 살펴본 삼성반월교를 비롯하여 통도사 일주문 밖의 장엄석등(莊嚴石燈) 18좌를 세웠고, 극락암 조사당 33조사(卅三祖師) 영정 조성 및 추모 봉행, 특별수도정진처인 아란야(阿蘭若)의 창건, 극락암 정법보각(正法寶閣) 신축 및 무량수각(無量壽閣) 중창 등의 불사를 행하였다.

이밖에도 경봉장학회(鏡峰獎學會)를 설립하여 학인들의 뒤를 돌보았고, 청도 운문사, 남해 보리암, 경주 불국사의 불사(佛事)에도 큰 힘이 되어 주었으며, 서울 탑골공원 안의 만해선사 기념비 건립에도 앞장을 섰다.

이제 중생교화를 위해 노력했던 스님의 진면목을 평소 들려 주셨던 설법을 통해 단편적으로나마 살펴보고자 한다.

도는 어디에 있는가

진리는……

스님은 언제나 자기개안(自己開眼)에 의한 자기의 육성으로 설법하셨다. 대부분의 선사들이 즐겨 인용하는 《전등록 傳燈錄》이나 《선문염송 禪門拈頌》 등의 조사어록(祖師語錄)보다는, 살아있는 독특한 음성으로 뭇 생명있는 이의 정신을 일깨웠던 것이다.

이러한 스님의 진면목(眞面目)을 보고자 한다면 진리의 세계를 투철하지 않고서는 불가능한 일이다. 그 진리의 세계는 정법의 눈(正法眼)이 아니면 꿰뚫어 볼 수가 없다. 스님은 항상 말씀하셨다.

"부처님은 정법안장(正法眼藏)! 그 오묘한 진리는 말로써 표현할 수 있는 것도, 글로써 보일 수 있는 것도 아니다.

목격이도존(目擊而道存)이라. 눈이 마주치는 곳에 도가 있다. 척 보면 알아야지, 설명을 듣고 아는 것은 저 문 밖의 소식이다. 그뿐 아니라 입을 열지 않거나 닫지 않는다고 하여도 진리와는 팔만 사천 리나

멀어진다. 정법안장은 일체의 이름과 모양이 뚝 떨어진 자리여서, 그 어떤 상대적인 말로 설명하려 해도 맞지 않는 것이다."

그래서 스님은 법문을 설하기 전에, '이 문'을 통과하면 반드시 진리의 세계로 들어갈 수 있게 되는 '법문(法門)'의 실체가 무엇인지를 먼저 깨우치셨다.

"법문은 아무 말도 하지 않는 가운데 있고 종사(宗師)가 법좌(法座)에 오르기 전에 있으며, 청중이 자리에 앉기 전에 있고 청중이 '오늘 종사께서 무엇을 설하시려는가' 하는 생각을 일으키기 전에 법문이 있는 것이다."

더 나아가 스님은 종사가 법상(法床)에 오르기 전에 법문은 이미 다 되었고, 청중이 자리에 앉기 전에 법문은 다 하여 마친 줄을 알아야 한다고 강조하셨다. 이 소식을 분명히 알 때 진리는 나와 더불어 한 몸이 되고, 나는 진리 그 자체로써 살아갈 수 있게 된다고 하신 것이다.

그러나 눈이 밝지 못한 중생들에게 있어 이 말씀은 너무나 요원하게 들릴 수 밖에 없다. 이에 스님은 깨달음의 세계로 향하는 구도인(求道人)의 여정을 간략하게 표출시켜 깨우침을 주셨다.

"누구든지 산을 볼 때 산은 푸르고 물을 볼 때 물은 푸르게 흘러가지만, 수행이 어느 경지에 올라가면 산을 보아도 산이 아니요 물을 보아도 물이 아니다. 물이 곧 산이요 산이 곧 물이더니, 한층 더 나아가면 산은 산이요 물은 물이더라."

이 깨우침은 불교수행의 진수를 눈으로 보는 것에 비유하여 설한 것으로, 부처님 당시부터 이와같은 수행체계는 제시되어 있었다.

눈을 가진 상식의 사람이라면 산은 산으로, 물은 물이라고 본다. 그러나 '나'의 문제, 애착과 욕망으로 현실과 마주하면 인간의 눈은 있는 그대로를 거부하게 되는지도 모른다.

끊임없이 변화하는 무상(無常)의 현상계를 영원한 것으로 착각하거나, 업력(業力)으로 인한 괴로움을 기꺼이 긍정할 때 해탈과 자유를 만끽할 수 있음을 깨닫지 못한 채 현실의 즐거움만을 추구하려 한다. 그리고 자기만의 고유한 개성을 고집하여 무아성(無我性)을 자각하지 못하거나, 번뇌의 극복은 마음의 정화에서부터 비롯된다는 것을 파악하지 못한 채, 번뇌가 없기만을 바라는 자기 중심적인 삶 속에 빠져드는 경우가 허다하다.

그래서 부처님께서는 우선 '아니다 아니다'고 하셨다. 이 사바(娑婆)는 영원과 행복과 자유와 청정함으로 가득 채워져 있는 상락아정(常樂我淨)의 세계가 아니라, 무상(無常)과 괴로움(苦)과 부자유(無我)와 더러움(不淨)이 가득한 세계라고 강조했던 것이다.

이 가르침에 의지하여 성문승(聲聞僧)과 연각(緣覺)들은 현실의 겉모습과 나의 가적(假的)인 모습을 파악하는데 힘을 기울였고, 마침내 그들은 현실의 즐거움은 즐거움이 아니요 현실의 나가 '참 나'일 수 없다는 진리를 파악하게 된다.

그러나 부처님의 가르침은 여기서 멈추지 않았다. 정법안장의 세계가 영원하고 행복하고 자유롭고 번뇌가 없는 상락아정(常樂我淨)의 세계임을 설파하였다.

보살(菩薩)들은 부정을 넘어선 이 대긍정의 가르침을 좇아 마침내 정법안(正法眼)이 표출된 경지에 이르렀고, 있는 그대로를 볼 수 있는 눈을 얻었던 것이다. 명경지수(明鏡止水) 같이 맑은 그 마음에 산은 그대로 산으로, 물은 그대로 물로 비칠 수밖에 없는 것이 아니겠는가!

스님이 설파한 산과 물은 번뇌를 초극하는 과정에서 보여지는 체험의 이야기이다. 번뇌로 뒤덮힌 가(假)의 세계에서 출발하여 진리의 세계로 들어가 공(空)을 체득한 뒤 다시 가(假)의 세계로 되돌아온 이는, 중의 길(中道) 위에서 있는 그대로의 모습을 볼 수 있음을 깨우친 것이다.

마지막으로 법좌에서 내려오기 전에 스님은 다시 한 말씀으로 청중을 깨우친다.

"반야바라밀(般若波羅蜜)이 반야바라밀이 아니라 그 이름이 반야바라밀이요, 금일 설법이 설법이 아니라 그 이름이 설법이니라……."

평상심시도(平常心是道)

진리에 관한 법문은 깊은 통찰과 수양을 통해서만 계합할 수 있는 것이다. 그렇다고 하여 이 진리법문을 혼자만의 것으로 간직한 채 열반에 들 수는 없다.

그 옛날 석가모니 부처님은 대각(大覺)을 성취한 뒤, 진리의 법문을 알아들을 수 있는 중생이 너무나 적다는 것을 살펴보시고 그대로 열반에 들고자 했다. 그 때 뜻있는 이들은 '가까스로 출현한 부처님이 그대로 열반에 들어버린다면 이 세상은 더욱 깊은 어둠에 쌓일 것'이라고 하면서 중생을 깨우쳐 줄 것을 청하게 된다. 이에 부처님은 언어를 초월한 진리를 부득이 말을 빌어 45년 동안 설법하셨다.

스님 또한 부처님처럼 중생들을 진리의 세계로 보다 가까이 인도하기 위해 갖가지 방편을 구사하였다. 특히 스님은 '평상심(平常心)이 도(道)'라는 진리를 쉬임없이 깨우치셨다.

"진리는 결코 멀리 있는 것이 아니다. 밥 먹고 밥그릇 씻는 거기에 모든 것이 다 들어 있다. 오히려 도는 공기나 물과 같아서 우리가 느끼지는 못하지만, 그것이 없으면 일체의 생물이 살아남지 못하게 되는 무한한 생명의 원천이다."

일상생활 속에서 그 도와 더불어 살아가고 있는 존재가 중생이지만, 중생은 도가 무엇인지를 모른다. 스님은 조선시대 초기의 벽계정심(碧溪淨心) 선사와 벽송지엄(碧松智嚴) 선사의 도담(道談)을 예로 들어 어리둥절해 하는 청중의 귀를 뚫어 주시곤 하였다.

정심과 지엄선사의 인연은 불교의 탄압이 가장 극심했던 연산군 때 이루어졌다. 불상을 파괴하고 승려를 환속시켜 사냥터의 동물 몰이꾼으로 삼는 등 연산군의 횡포가 불교를 존립위기의 상황으로 몰고가자, 황악산 직지사(直指寺)에 있던 정심선사는 속인으로 변복하고 산너머에 있는 물한리(勿罕里)로 들어가서 불법(佛法)을 전할 시기를 기다리고 있었다.

이때 간절히 도를 구하고자 했던 지엄은 물어 물어서 정심선사를 찾아 갔다.

그러나 정심선사는 선지(禪旨)를 일러 주기는커녕 매일 일만 시켰다. 3년을 함께 지내면서 무수히 '도가 무엇인가?'를 물었으나 법문 한

마디를 듣지 못하였으므로, 지엄은 행장을 꾸려들고 정심선사에게 가서 말하였다.

"스님 저는 떠나겠습니다."

"왜 가려고 하느냐?"

"3년 동안 스님을 모셨지만 도에 대한 법문 한마디 없이 매일 일만 시키시니 더 있은들 별 수가 있겠습니까? 떠나겠습니다."

"그래? 그렇다면 가거라."

화가 난 지엄이 뒤도 돌아보지 않고 고개 언덕을 넘어서 내려가는데, 뒤따라 온 정심선사가 고개마루에 서서 큰 소리로 불렀다.

"지엄아 지엄아, 나를 보아라."

정심선사는 발길을 멈추고 뒤를 돌아보는 지엄에게 말하였다.

"내가 매일 밥을 지으라고 할 때 설법하였고 차를 달여 오라고 할 때 설법하였고 나무하라고 할 때 설법하였고 밭을 매라고 할 때 설법하였는데, 네가 몰랐으니 오늘은 법을 받아라."

그리고는 불끈 쥔 주먹을 내밀어 보였다. 그 순간 지엄은 도를 깨달았다.

이 이야기는 우리의 일상생활에 도가 있건만, 보는 이의 눈이 어두워 도를 알지 못하게 됨을 깨우쳐 주기 위해 스님께서 자주 들려준 법담 중의 하나이다.

진정 도는 어디에 있는가? 스님은 이렇게 말씀하셨다.

"일념미생초(一念未生初, 한생각 일어나기 전)에 도가 있고 눈과 눈이 서로 마주쳐 보는 데 도가 있고, 중생의 일상생활에, 삼라만상에 다

도가 있다. 우리가 오고 가는데 도가 있고 물건을 잡고 놓는 것이 곧 선(禪)이건만 사람들은 눈이 어두워 딴 곳에서 찾으려 한다.

눈 앞에 불법(佛法)이 있건만 눈이 멀고 귀가 어두워서 보지도 못하고 듣지도 못한다. 어느 것이고 도 아님이 없음이니, 잘 이해하고 활용하여야 한다.”

스님은 대·소변 보는 일에 조차도 대도(大道)가 깃들어 있다고 하여 극락암의 소변소 이름을 휴급소(休急所)라 하고, 대변소를 해우소(解憂所)라 하였다.

아무리 바쁜 일이 있어도 오줌이 마려우면 소변부터 보아야지 별 수가 없다. 그러므로 소변소에서 급한 마음을 좀 쉬어가라는 뜻으로 휴급소라 하신 것이다. 그리고 음식을 먹을 때는 좋지만 배에 가스가 꽉 차 있으면 배설을 시켜야 속이 편하고 좋듯이, 마음 속에 차 있는 못된 생각, 하찮은 생각, 어두운 생각을 확 비워버려야 한다는 뜻에서 해우소라 이름지은 것이다.

도를 구하는 이, 스스로의 진실을 체험하기 위해 노력하는 사람이라면 밥 먹고 옷 입고 대소변 보는 평상(平常)의 일 그 자체가 도요 도행(道行)임을 알아야 한다.

평상심시도(平常心是道)! 그것은 스님의 깨달은 세계를 단적으로 표현한 말이기도 하다.

자성불(自性佛)

무한한 생명의 원천인 도는 평상심(平常心)에 있다. 그러나 범부는 평상심이 도라는 것을 알지 못한다. 그리고 '자기가 부처'라는 것은 더욱 알지 못한다.

스님은 부처를 '깨달음'이라고 정의하였다. 무엇을 깨닫는가? 내 마음의 본성인 진아(眞我), 참된 자아(自我)를 깨닫는다는 것이다. 뜨거운 것은 불의 성리(性理)요 젖는 것은 물의 성리이듯이, 일상생활의 모든 일 속에서 깨달아 아는 것이 사람의 성리요, 올바로 깨달아 아는 이가 곧 부처라고 풀이하였다. 따라서 모든 도행(道行)은 자기의 본성 자리를 깨달아서 통달하는 오도본성(悟道本性)의 행위로 집약된다.

깨달아 아는 주체는 마음이다. 깨달음이 온전한 이는 부처이다. 따라서 마음과 부처는 둘이 아니다. 마음을 떠나서 별다른 부처가 없고 부처를 떠나서 따로이 마음이 없으며, 마음 청정한 것이 곧 자성(自性)의 부처라고 스님은 강조하셨던 것이다. 석가모니는 6년 고행 끝에 결국 자기를 발견하였다. 능히 보고 듣고 깨달아서 아는 자기 부처를 발견하였고, 이 자성불(自性佛)을 발견함으로써 우주의 진리를 체득한 것이다.

그 진리를 스님은 도라고 했고 우리 인생의 생명이라고 했으며, 이 진리를 찾아야만 자기의 참생명을 찾을 수 있다는 것을 언제나 강조하셨다. 자기의 참생명을 찾으려면 자성불을 발견하라고 가르친 스님은 우리의 마음 뿐만 아니라 감각기관 그 하나 하나에까지도 부처님이 있고, 그 부처님이 언제나 설법을 한다고 가르치셨다.

"양쪽 눈에는 일월광명세존(日月光明世尊)이 있어서 상주설법(常住說法)을 한다. 귀에는 성문여래(聲聞如來)라는 소리를 듣는 부처님이 있어서, 온갖 소리를 듣고 나서 알려주는 것으로 설법을 한다. 코에는 온갖 냄새를 다 아는 향적여래(香積如來)가 있어서 언제나 설법을 하고, 입에는 법희여래(法喜如來)가 있어서 끊임없이 설법을 한다.

그런데도 사람들은 자기에게 있는 부처님의 법문은 들을 줄을 모른다. 오히려 어디서 법문을 한다고 하면 그곳을 찾아가기 바쁘고, 오히려 다른 사람의 말만을 들으려 한다."

스님의 이와같은 법문에 대해 누군가는 의문을 던질 것이다. 냄새나는 이 몸뚱이가 어떻게 부처일 수 있는가?

그러나 스님은 이와같이 경이에 찬 질문을 할 수 있는 이라면 능히 자기한테 있는 부처를 찾아 나아갈 수 있고, 반드시 자기의 온몸 그대로가 부처라는 진리를 깨닫게 될 것이라고 하셨다.

《화엄경》에서는 눈·귀·코·입뿐만 아니라 뭇 생명있는 이의 털구멍 하나하나에도 부처님이 있다고 하였다. 그러나 중생은 철두철미하게 우리의 몸을 무상하고 하잘 것 없는 것으로 파악한다.

실로 산 정신으로 살려면 우리의 감각기관 모두가 살아 있어야 한다. 그곳에 언제나 살아있는 부처가 머물면서, 있는 그대로의 빛깔을 보고 소리를 듣고 향기를 맡고 환희로운 진리의 설법을 할 수 있어야 한다. 그러나 범부는 그 감각기관에 때로는 천상의 아릿다운 선녀를, 때로는 투쟁적인 아수라나 욕심 많은 아귀를, 때로는 어리석은 축생이나 지옥찌꺼기와 같은 종자를 앉혀 놓는다. 그래서 스님은 자주 경책하셨다.

“우리의 몸은 무어라 말할 수 없을 정도로 좋은 보배이다. 이 보배를 참으로 잘 써야 할텐데, 보검으로 소 잡고 개 잡듯이 잘못 쓰다가 땅 밑으로 들어간다.”

그리고 부처를 상징하는 탑이 사람의 몸과 같은 구조를 갖추고 있음을 비유로 들어 설명하였다.

“불국사에는 석가탑과 다보탑(多寶塔)이 있다. 열반에 드신 석가모니를 상징하는 석가탑은 5층이고 열반에 들지 않으신 다보여래(多寶如來)를 상징하는 다보탑은 11층인데, 우리의 몸은 석가탑으로도 되어 있고 다보탑으로도 되어 있다.

왜 5층의 석가탑인가? 발목까지 일층, 무릎까지 이층, 허벅지까지 삼층, 허리까지 사층, 목까지 오층이니, 석가탑은 우리 몸을 상징적으로 표현한 오층탑이다.

어째서 11층인 다보탑이 되는가? 오층 석가탑에다 손가락과 팔의 관절 여섯 부분을 합하면 11층이 된다. 팔을 번쩍 들어 올리면 11층의 다보탑이 되고 내리면 5층의 석가탑이 되는 것이다.

석가탑에는 부처님의 사리(舍利)만 봉안되어 있지만 자기 5층 석가탑에는 생불(生佛)이 들어 있어서 오고 가는데 자유자재하다. 아주 편리한 오층탑인 것이다.

우리가 정신을 집중하는 목적은 불생불멸(不生不滅)의 참된 생명을 찾자는 데 있다. 욕락(欲樂)에만 묻혀서 살아가는 허무한 생활을 본래의 티없이 맑고 깨끗한 마음자리로 환원(還源)해야 한다는 말이다. 마음의 당체로 환원하려면 각자이 본분상(本分相)에서 길을 택하여야 한다."

본분상에서의 선택! 그것은 주인공을 찾는 지름길이다.

참생명을 찾는 방편

참선 공부

미혹의 상태에서 자성불(自性佛)을 찾으려면 먼저 인생의 의혹부터 알아야 한다. 스님은 인생의 커다란 의혹을 네 가지로 나누어 자주 설하셨다.

인생의 4대의혹(四大疑惑)!
· 이 몸 끌고 다니는 주인공을 모른다.
· 부모 태중(胎中)으로 들어가기 전에 이 마음자리가 있었던 곳을 모른다.
· 죽은 뒤 어디로 가는지를 모른다.
· 죽는 날을 모른다.

사람들은 누구나 이와같은 의혹을 품고 있으면서도 일상생활 속에서 먹고 입고 살아가는 각박한 현실에 쫓기고 돈과 사람의 문제에 결박 당한 채 죽음을 향해 뛰어가고 있는 것이다. 그래서 스님은 이들 의혹을 해소하고 자기 생명을 찾게 하고자 여러가지 방편을 보이셨다. 염불·참선·주력(呪力)·경공부·선행 등등……. 스님은 그 중에서도 특히 화두(話頭)를 참구하는 참선 공부를 많이 권하였다.

"참선은 도이며 도는 진리이다. 진리는 인생의 자기 생명을 찾는 일이다. 우리가 목숨을 바쳐서라도 그 마음을 안주시킬만한 안심입명처(安心立命處)는 어디인가?

인생을 어떻게 살아야 잘 사는 것인지 삶의 문제를 한번 생각해 보라. 잘 입고 잘 먹고 높은 지위에 오르는 것이 잘 사는 것인가? 무엇 때문에 사는지 그 사는 목적 마저 아는 사람이 별로 없다. '일을 합네' 하고 바삐 지내지만, 죽으면 그만이지 무슨 특별한 자취가 있는가?"

그래서 스님은 무엇 때문에, 무엇을 위해서 사는 것인가? 그 사는 목적이 무엇인가를 깊이 생각해서 참선 수행을 하되, 무어라고 말할 수는 없지만 역력하고 외로운 경지가 눈 앞에 나타날 때까지 용맹정진(勇猛精進)을 해야 한다고 강조하셨다.

스님은 1천 7백가지 화두 중에서 이 몸 끌고다니는 주인공을 밝히는 '이 무엇고(是甚麼)' 화두와 부모 태중으로 들어가기 전의 본래 면목을 밝히는 '부모미생전본래면목(父母未生前本來面目)' 화두로 많은 후학들을 지도하였다. 특히 '이 무엇고'에 대해서는 많은 말씀이 있었다.

"나에게 찾아오는 사람들에게 '이 몸 끌고 다니는 것이 무엇인가'를 물으면 '모르겠다'고 하는 이가 태반이나 된다. 그리고 어떤 이들은 '마음이요'라고 답한다. 그래서 '마음이 어떤 것이냐'고 물으면 '모르겠다'

고 한다. 또 어떤 사람은 '정신' 또는 '혼'이라고 대답을 하지만, 정신이 어떤 것이고 혼이 무엇이냐고 물으면 역시 모른다고 대답한다.

그러니 무엇이 이 몸을 끌고 다니는지를 모르고 있는 것이다.

이 몸은 이론적으로 과학적으로 생리적으로 철학적으로 따져 봐야 부모의 물건이다. 결국 남의 물건을 받아가지고 끌고 다니는 것일 뿐, 이 몸을 운전하는 운전수가 바로 참된 나인 것이다. 남의 차를 잠시 얻어 타도 운전수가 누구인지를 알아보기 마련인데, 이 몸을 수십년이나 끌고 다니면서 주인공을 모르고 있으니 될 말인가."

스님은 '마음·정신·혼' 등의 거짓 이름에 현혹되지 말고, 오로지 지극한 의심으로 이 화두를 타파하라고 하셨다.

"밥 먹고 옷 입고 대소변 보고 산 송장 길 위에 끌고 다니는 주인공이 무엇인가?"

"이 몸 끌고 다니는 주인공이 무엇인가?"

"이 무엇인고?"

"무엇고?"

"?"

이와같이 끊임없이 스스로에게 묻되 고양이가 쥐를 잡듯이, 닭이 알을 품듯이, 배고픈 아기가 엄마 젖을 찾듯이 하면 반드시 큰 깨달음을 얻게 된다고 하셨다.

그러나 생각으로 헤아리거나 관법(觀法)조차 용납하지 않는 이 화두를 참구하는 사람들 중에는 자꾸만 '이뭣고 이뭣고' 하며 입으로만 외우기도 한다. 스님은 절대로 그렇게 해서는 안된다고 하셨다.

또 밥 먹을 때는 '밥 먹는 이것이 무엇인고?', 옷 입을 때는 '옷 입는 이것이 무엇인고?', 걸을 때는 '걷는 이 놈이 무엇인고?' 하면서 화두를 드는 사람이 있는데, 이렇게 해서도 안된다고 하셨다. 다만, 밥 먹고 옷 입고 앉고 서고 산 송장 길 위에 끌고다니는 이것 모두가 '이 무엇고'라는 의문 속에 오로지 함께 들리게끔 하여야지, 요리조리 따지려 드는 것은 절대 금물이라고 하셨다.

그리고 스님은 수도에 전념할 수 없는 재가신도(在家信徒)들에게도 화두를 참구할 것을 항상 권장했었다.

"호흡만 떨어지면 죽게 되고, 죽으면 곧 내생(來生)인 것이다. 우리가 사는 것이 전부 남의 다리 긁는 것과 같은 것이니, 마음을 뜻대로 하려면 나를 찾아야 하고, 나를 찾으려면 정신을 통일해야 한다. 우리들의 생활은 무척 바쁘고 고되다. 아무리 바쁘더라도 마음을 찾아 보겠다는 생각만 있으면 정신통일을 시도해 보는 것이 그렇게 어려운 것만은 아니다.

우리가 일상생활하는 가운데 아홉 시간 일하고 다섯 시간 쉬고 여섯 시간 자면 네 시간이 남는데, 이 네 시간을 무료하고 한가하게 보낼 것이 아니다. 네 시간이 다 안되면 한 시간이라도 좋으니, 조금씩 매일 화두를 들어야 한다. 이것이 계속되면 자신도 모르게 정신이 집중되고 무어라 표현할 수 없는 묘(妙)를 얻게 된다."

비록 견성성불(見性成佛)은 못하더라도, 정신이 집중되면 관찰력과 판단력이 빨라지고 기억력이 좋아지고 하찮은 생각이 바른 생각으로 돌아서고 몸에 병이 없어지고 맑은 지혜가 나서 사농공상(士農工商)의 경영하는 모든 일들이 다 잘 되게 된다고 하시면서, 재가인들도 참선할 것을 적극 권장하셨던 것이다.

바보가 되거라

화두를 참구하는 데는 많은 어려움이 따른다. 옛 조사(祖師)들이 그랬듯이, 스님이 특히 경계한 것도 망상과 졸음과 혼침(昏沈)과 산란(散亂)에 지겹도록 시달려서 스스로 용기를 잃고 물러서는 것이었다.

그래서 스님은 참선 수행을 하려면 집에 주춧돌을 놓듯이 먼저 큰 원력(願力)을 세워서 대신심(大信心)을 일으키고, 옛 성현(聖賢)들처럼 기필코 내 마음을 깨우치겠다는 대분발심(大憤發心)을 내어야 하며, 화두에 대한 큰 의심(大疑情)을 가져야만 부처나 조사의 관문을 통과할 수 있다 하시고, 이를 먼저 갖출 것을 당부하셨다.

스님은 80 고령에도 밤을 새우며 정진하셨다. 선방(禪房) 수좌들이 잠을 자지 않는 용맹정진에 들어가거나 세 시간만 자는 가행정진(加行精進)이 시작되면, 스님은 수좌들의 잠을 깨우기 위해 밤새 헛기침을 하시거나 한밤중에 과자 봉지를 들고 선방으로 찾아가시곤 했다. 조는 사람의 등을 두드려 주고, 과자를 나누어 주시면서 간단한 선문답과 격려의 말씀을 들려 주셨다. 특히 화두 공부가 잘 안 되어 찾아 오는 구도자가 있으면 스님은 여러가지 말로써 무섭도록 힘을 불어 넣어 주셨다.

"바보가 되거라. 사람 노릇하자면 일이 많다. 바보가 되는 데서 참 사람이 나온다."

"이 공부는 철저하게 생명을 걸고 하지 않으면 안된다. 아무쪼록 한 생(生) 나오지 않은 요량하고 마음을 비워 열심히 공부해야 한다. 나무칼로 목을 베듯 하지 말고 단박에 결판지을 일이다."

"쇠가 아무리 굳어도 열이 3천도가 되면 녹는다. 죽기를 각오하고 주인공에게 맹세를 하면서 공부를 해도 될듯 말듯한데, 조금만 고통스러워도 못견뎌 하니 어림도 없는 노릇이다. 졸음이 오면 허벅지를 꽉 꼬집어 비틀어서 잠을 쫓아버리고 용맹을 떨치며 공부해야 한다."

"망상이 일어나거든, '네 이놈, 네 놈 말만 듣고 다니다가 내 신세가 요모양 요꼴이 되었으니 이제는 내 말 좀 들어봐라. 죽나 사나 한번 해보자' 하고 용맹을 내어야 한다."

또 어느 때는 피골이 상접하여 뱃가죽이 등에 달라 붙었으며 새가 머리 위에 집을 지은 것도 모른 채 명상에 잠겨 있는 석가모니의 설산 고행상(雪山苦行相) 사진을 보여 주시면서 "이것을 보아라. 이 분은 이렇게 공부하여 부처가 되셨다"고 하며 용기를 북돋우어 주셨다.

오히려 스님은 망상과 산란과 무명(無明)의 불을 두려워하지 말라고 하셨다. 무명의 불이 비록 흉악하고 가치없는 불이지만, 그 불이 작용하여 더욱 뛰어난 대장부를 단련해 내기 때문이다. 특히 수좌들이 밤잠을 자지 않고 정진하면 머리가 아프고 가슴이 답답하고 등줄기와 허리, 삼백 육십 골절의 마디 마디가 쑤시고 아프지만, 아픈 거기에서 출격대장부(出格大丈夫)가 나온다고 하시면서 수행승들에게 격려의 시를 적어 주시곤 했다.

다만 이 한 점 무명의 불이
인간의 대장부를 단련해 낸다네

只箇一點無明焰
煉出人間大丈夫

그리고 만약 이와같은 마음가짐으로 화두를 들면 언젠가는 일상삼매(日常三昧)를 이루게 된다고 하셨다. 오고 가고 생각하고 밥 먹고 대소변을 볼 때도 화두를 잡아 꾸준히 나아가면 탐심(貪心)과 진심(瞋心) 등의 모든 망상이 다 쉬어지고, 잡념이 붙으려고 해도 붙을 수 없는 일상삼매의 경지에 이른다고 하신 것이다.

이와같이 거듭거급 마음을 채찍질하여 지극히 고요한 경지에 들어가면 마음이 차츰 맑아지는데, 맑아지면 밝아지고 밝아지면 통하게 되어 마침내 해탈의 경지에 이르게 된다. 스님은 이 경지에 이를 때까지 잠시도 공부의 고삐를 늦추어서는 안됨을 특별히 강조했었다.

그리고 자기의 보배를 곧바로 캐내는 이 공부를 참되게 하기 위해서는 먼저 마음을 비우고 업장(業障)을 참회해야 한다고 가르쳤다.

"업장을 녹이는 방법이 한가지 있다. 누가 자기를 보고 잘못한다고 나무라면 설혹 자기가 잘 했다고 하더라도, '예, 제가 잘못했습니다' 하고 절을 한번 하면 그 때가 바로 업장이 녹아질 때다. 잘못했다고 나무라는데 '나'라고 하는 것이 가슴에 꽉 차 있으면 업장이 녹아질 수가 없다. 그만 다 비우고 '내가 잘못했습니다'라는 한마디와 함께 아무 생각없이 절을 하는 그때가 다겁다생(多劫多生)에 지은 죄악이 막 녹아질 때다."

이유없는 참회는 바보의 행위일지 모르지만, 바보가 될 때 모든 업장은 녹아 해탈과 자유의 문이 열리는 것이다.

극락에 길이 없는데 어떻게 왔는가?

스님이 30년을 하루같이 사람들의 산 정신을 일깨우며 머물렀던 처소는 극락암의 삼소굴(三笑窟)이다.

안정과 완성, 무한한 진리를 함축하고 있는 숫자가 3이요, 웃음 중에서 가장 의미가 다양한 웃음은 미소(笑)이다. 이 미소에는 깊은 사랑이 담겨 있을 수도 있고 살기(殺氣)가 숨어 있을 수도 있는 것이다.

그러나 이와같은 해석은 삼소굴에 대한 일반적인 풀이에 불과하다. 일찍이 스님은 '삼소(三笑)'의 의미를 이렇게 풀이해 주셨다.

"삼소란 우주의 극수(極數)인 3과, 염주를 목에다 걸어놓고 이리저리 찾아다니다가 결국 목에 걸린 것을 발견하고 '허허' 하며 웃듯이, 자기에게서 한 치도 여의지 않았던 자성(自性)을 온갖 곳에서 헤매며 찾다가 깨닫고 나서 '허허'하고 웃는 웃음이다."

그러나 이 또한 사람들의 이해를 돕고자한 뜻풀이일 뿐이다. 스님의 삼소의 참의미를 다음과 같이 일지에 기록해 놓으셨다.

"삼소는 과거 현재 미래의 미소인 삼세소(三世笑)와 과거 현재 미

래의 꿈인 삼세몽(三世夢)을 초탈한 뜻을 간직하고 있다. 누군가가 삼
소의 깊은 뜻을 알고자 한다면, 야반삼경(夜半三更)에 촛불 춤 추는
것을 볼지니라.”

이와같이 깊은 의미를 지닌 삼소굴에서 스님은 언제나 진리의 세계
와 한몸이 되어 미소를 머금고 거처하셨다.

이 삼소굴 앞 쪽에는 오래 전에 선실(禪室)로 사용했던 약간 큰 방
이 있는데, 찾아 오는 대부분의 사람을 스님은 이 방에서 맞이했다. 흔
히 ‘큰스님’으로 알려지면 만나는 절차가 복잡하고, 설혹 만난다 하더
라도 무엇인지 모를 거리감 속에서 한집안의 식구와 같은 대화는 엄두
도 내지 못한다. 그러나 스님은 누가 와도 만나 주셨고 적절한 설법을
들려 주셨다.

삼소굴 앞의 방에는 앞뒤로 네 개의 문이 있고 그 문 앞 쪽으로 마루
가 붙어 있다. 방에서 스님이 앞에 찾아 온 방문자와 이야기를 하면,
뒤에 도착한 방문자는 방문 밖의 툇마루에 앉아서라도 법문을 들을 수
있다.

스님의 법문이 사통팔달(四通八達)이요 그 방이 사통팔달이요 듣는
사람의 마음도 사통팔달이 되어 법문을 깊이깊이 받아들인다.

그 속에는 큰스님과 신도라는 격식보다는 할아버지의 옛날이야기를
듣는 한 동네 사람들의 모임과 같은 푸근함과 정겨움이 있다. 웃음과
자유로움 속에서 나누는 설법과 청법이지만, 스님의 한 말씀 한 말씀
에는 날카로운 선지(禪旨)가 감추어져 있다.

삼배를 끝내고 자리에 앉는 참학자에게 스님은 물으신다.

“극락에 길이 없는데 어떻게 왔는가?”

극락이 어디에 있는가? 여러 경전에서는 이곳에서부터 서쪽으로 10만 8천 국토를 지나가면 서방정토가 있다고 하였다. 그리고 선종(禪宗)에서는 나의 맑은 마음이 극락이고 밝은 마음이 극락이며 깊은 마음이 극락이라고 가르쳤다. 나의 참된 마음자리가 아미타부처님이요 이 마음에 바로 극락정토가 있다는 자성미타 유심정토(自性彌陀 唯心淨土)의 사상을 천명하였던 것이다.

적어도 선종의 해석을 따른다면 극락은 포장도로나 오솔길을 통해서 갈 수 있는 곳이 아니다. 유심정토(唯心淨土)이기에 오고 갈 수 있는 곳이 아니다. 극락은 옴도 없고 감도 없는 무래무거(無來無去)의 유심정토인 것이다.

그러나 "극락에 길이 없는데 어떻게 왔는가?"를 묻는 스님의 질문은 이 유심정토의 의미를 넘어서 있다.

옛날 어느 선사가 토굴(土窟)에 있는 도반을 찾아가자 그 도반이 물었다.

"여기는 길이 없는데 어떻게 왔는가?"

선사가 거침없이 말했다.

"갑자기 만나게 되어 반갑네."

만일 '길이 없는데 어떻게 왔는가'를 물었는데 '갑자기 만나게 되어 반갑다'고 한 까닭을 분명히 아는 자라면 스님의 질문에 능히 답할 수 있었으리라.

"극락에 길이 없는데 어떻게 왔는가?"

이것은 바로 스님이 던진 깨달음의 화두(話頭)였던 것이다.

이어서 스님은 다시 물으신다.

"밥 먹었나?"

진리의 밥을 먹었는가를 묻는 질문이다.

"안 먹었습니다."

그러면 스님은 그냥 "밥 먹어라" 하신다.

때로는 밥을 먹고 왔다고 하면서 자신의 의문을 되묻는 이들도 있다.

"어떻게 하면 공부를 잘 할 수 있습니까?"

"어떻게 하면 성공할 수 있습니까?"

이 때 스님은 곧바로 일러 주신다.

"밥을 잘 먹을 줄 알면 되느니라."

이렇게 첫대면의 문답이 끝나면 스님은 그 사람에게 맞는 갖가지 법문을 들려 주신다. 때로는 거의 비슷한 법문으로 타이르는 경우도 많았다.

어느 날 상기된 젊은 새댁이 스님을 찾아 왔다. 스님은 묵묵히 보고 계시다가 새댁의 등을 탁 치며 꾸짖었다.

"무슨 여자가 수심·근심 보따리를 가슴에 가득 안고 다니느냐!"

새댁은 울음을 터뜨렸고 스님은 조용하고도 강하게 지침을 내려 주셨다.

"젊은 보살은 성질이 급하고 고집이 세고 신경질이 많다. 고쳐라. 고무줄이나 용수철은 당기면 늘어지고 놓으면 오므라든다. 이것처럼 사람도 신축성이 있어야 인생길에 상함이 없이 살아 갈 수 있다. 버스에 쿠션이 없으면 엉덩이가 다 상하는 것과 같다.”

어느날 대학 교수가 찾아 왔을 때에도, 어느날 고등학생이 찾아 왔을 때에도 스님은 같은 지침으로 그 그릇된 성격을 깨우쳐 주셨다.

성질이 급하고 고집이 세고 신경질이 많다는 것.

이것은 인간이면 누구나 간직하고 있는 탐욕과 분노와 어리석음의 속성, 탐(貪)·진(瞋)·치(癡) 삼독(三毒)의 마음을 깨우치는 법문인 것이다. 이 삼독의 마음이 부드럽고 평화롭고 착하고 순수한 마음으로 돌아설 때 극락세계가 전개되지 않겠는가!

한참을 이야기하다가 떠나는 사람을 배웅하면서 스님은 다시 일침을 가하신다.

“이 극락선원의 대문을 나서면 돌도 많고 물도 많다. 돌뿌리에 채여서 자빠지지 말고, 물에 빠져서 옷을 버리지도 말고 잘 가거라.”

과부족과 희비극이 가득한 사바세계로 향하는 이의 정신을 살려 주기 위해 농담처럼 웃으면서 던지는 이 인삿말 속에, 스님은 깊은 법문을 심어 놓은 것이다.

전육육 후육육(前六六後六六)

스님을 찾는 사람들 중에는 가끔씩 스님의 나이를 여쭈어 보는 이들이 있다.

"스님 연세가 몇이십니까?"

"앞도 육육이고 뒤도 육육이니라(前六六後六六)."

나이를 물었는데 전육육 후육육이라니? 마음에 닿지 않는 이 답변에 질문한 사람은 나름대로 해석을 하기 시작한다.

'육육은 삼십육, 육육은 삼십육, 합하면 72세인가?'

그러나 그와같은 계산으로는 도무지 답을 얻을 수가 없다. 진리의 세계에서 통하는 계산법을 세간의 계산법으로는 도무지 맞추어 낼 수가 없는 것이다.

그리고 자신의 수행에는 마음을 쓰지 않는 사람, 밖으로의 일에만 열정을 쏟는 사람이 찾아오면 묵묵히 보고 있다가 한 말씀을 던진다.

"그대는 숫돌과 같구나."

그 숫돌에는 김서방이 와서 칼을 갈아 가고 박서방이 와서 낫을 갈아 간다. 갈아 간 칼과 낫은 날카롭게 번쩍이지만, 숫돌은 닳고 닳아 마침내 숫돌이 아니게 된다. 숫돌처럼만 살지 말고 자신의 마음을 갈고 닦으라는 말씀이다.

또 한번은 구도회(求道會)라는 불교단체에서 스님을 찾아 왔다.

"어디서 왔는가?"

"구도회에서 왔습니다."

"구도회가 입 구(口)자 구도회인가? 구할 구(求)자 구도회인가?"

"……"

스님이 몰라서 이 질문을 던진 것일까? 입으로만 도를 구하는 것을 경계하고 온 몸으로, 온 마음으로 도를 구할 것을 깨우쳐 주기 위해서 던진 일성(一聲)이었던 것이다.

이렇듯 날카로운 눈으로 사람을 관찰하고 가슴을 찌르는 일구(一句)를 들려 주셨던 스님이었지만, 의심 많고 회의가 많은 사람이 찾아와서 앞으로의 운명이나 일의 성패를 물을 때는 단호하게 물리치셨다. 그와같은 질문을 받을 때마다 스님은 언제나 이렇게 말씀하셨다.

"부산의 영도다리 밑이나 서울의 남산공원, 대구 달성공원 앞에 있는 점장이를 찾아 갈 것이지 어떻게 극락으로 왔느냐?"

스님은 미래를 점치거나 운명을 미리 알려고 하는 데에 헛된 노력을 쏟지 말 것을 당부하셨다. 오히려 당연히 그렇게 걸어야 할 길(道), 그렇게 되게끔 되어 있는 법(法)을 따라 걸어가고 행하는 것이 미래의 세계를 참되게 개척하는 것이라고 하셨다.

사람들의 갈등과 회의는 대부분 바른 마음을 가지지 못하는 데서 비롯되는 것이므로, 정법(正法)과 정도(正道)에 입각해서 생각해 보면 반드시 나아가야 할 앞 길이 보인다는 것을 강조하셨다.

미래의 행복과 불행에 대한 중생의 집착은 오히려 현실의 미혹만을 부채질한다. 두 발로 현실을 굳건히 딛고 정도와 정법에 입각하여 새로운 세계를 열어가는 바로 그곳에 미래의 행복과 성공이 있다는 것을 깨우쳐 주셨던 것이다.

그리고 스님과 자장암의 금개구리와는 각별한 연분이 있었다. 이 금개구리는 금와보살(金蛙菩薩)로도 불리어진다. 자장율사(慈藏律師)가 자장암에서 수도하고 있을 때 두 마리의 개구리가 매양 석간수(石間水)의 맑은 물을 혼탁하게 하므로, 신통력으로 석벽에 구멍을 뚫어서 넣고 영생의 보살로 변신시켰다고 한다.

이 금개구리는 신심(信心) 없는 불제자에게는 보이지 않는다고 하여 '신심의 측도'를 재는 영물로 널리 알려져 있기까지 하다. 몸은 청색이고 아랫턱 부분이 황금색이라서 다른 개구리와는 쉽게 구분된다.

금개구리는 스님의 곁으로 자주 찾아왔다. 스님이 밀양 무봉선원에 계셨을 때에도 통도사 산문(山門) 밖으로는 절대로 나가지 않는다는 이 금개구리가 빈번히 출현하였다. 그리고 극락암 선방에도 여름철이면 흔히 나타나곤 했다.

"이 사람들아, 자장암 금개구리 오셨다."

스님은 손바닥 위에 놓인 빛이 노란 개구리를 대중들에게 보여 주시곤 했다. 젊은 승려들은 장난을 치느라고 금개구리를 받아서 바루에 넣은 뒤 뚜껑을 닫아 버리지만, 몇 시간 뒤에 열어보면 금개구리는 온데 간 데가 없었다.

금개구리와 스님. 그 옛날 개구리를 금와보살로 변신시킨 분이 전생의 스님일까? 퍽이나 인연이 가깝고 남모를 무엇이 있었음에 틀림이 없다.

일상생활과 풍류

스님은 대인관계에 있어서의 예의범절에 매우 밝으셨다.

수행승이나 경제적으로 자립할 수 없는 학생 등이 스님을 뵈온 뒤 돌아갈 때면 반드시 행전(行錢)을 챙겨 주셨고, 아무리 어린 꼬마가 편지를 해도 덮어두지 않고 답신을 직접 써서 보내셨으며, 부고(訃告)가 전해지면 직접 찾아가거나 서신으로라도 조의(弔意)를 표하였다.

스님이 특히 좋아하셨던 음식은 면류(麵類)였다. 산문(山門)을 벗어나 여행길에 오르면 짜장면이나 완당 등을 사 드시는 경우가 많았다. 그때가 되면 시자들은 음식 주문에 각별히 신경을 쓴다. 고기는 물론이요 파·마늘·양파·부추·계란·육수 등을 절대로 넣지 말라는 스님의 지시를 빠뜨리지 않고 전달하기 위해서이다.

그렇게 남다른 과정을 거치지만, 막상 음식이 나와 스님의 젓가락이 서너번 움직이고 나면 그릇은 바닥이 보인다. 그만큼 면류를 좋아하셨던 것이다.

그리고 고두밥을 즐겨 잡수셨다. 흔히들 고두밥 먹는 사람은 성질이 급하고 고집이 세다고 한다. 스님도 그러했다. 대화를 하다가 "어라! 안된다" 하시면 끝이다. 그리고 그 고집스런 성격은 정확한 예의범절 만큼이나 깔끔했다.

누군가가 법(法)답지 않게 행동하는 경우에는 즉석에서 그 잘못을 크게 꾸짖는다. 잘못을 마음에 새기고 몇 번을 두고 보았다가 꾸짖는 경우가 없었다. 그리고 그 잘못을 긍정하지 않으면 알아듣고 느낄 때까지 꾸짖었다.

특히 형식적인 원융무애(圓融無礙)는 스님 앞에서 통하지 않았다. 도력을 쌓지 않은 채 하릴없이 스스로를 높이려고 하는 우쭐거림은 용납되지 않았다.

때로는 잔소리 많은 시어머니처럼 느껴질 정도로 호된 꾸지람을 했지만, 그 꾸지람 뒤에는 할아버지의 자상함과 미소가 언제나 함께 하였고, 스스로에게도 남의 잘못에도 엄격했지만 그 낭랑한 웃음과 천진(天眞)은 80세가 넘어서도 변함이 없었다.

이제 스님의 풍류(風流) 한 편을 소개하고자 한다.

하루는 시자(侍者)를 데리고 방터라는 마을을 찾아갔다. 마을 입구에는 고추를 내어 놓고 달랑거리며 다니는 꼬마들 십여 명이 놀고 있었는데, 스님이 문득 뛰어들어 줄다리기를 하자고 했다. 꼬마들의 눈은 나이 많은 스님을 충분히 이길 것 같다는 자신감으로 반짝인다.

"영차! 영차!"

꼬마들의 구령따라 스님은 차츰 꼬마들 쪽으로 끌려갔다. 힘이 없어서가 아니라 티없이 맑은 그 천진스러움에 취하여 천진의 미소를 지으면서 끌려갔던 것이다.

시간이 지나자 언양으로 장을 보러 가던 사람들까지 둘러서서 그 진기한 시합을 구경하며 천진스레 웃음을 던졌다. 꼬마들의 티없는 동심(童心)과 스님의 천진(天眞)이 장꾼들의 마음에 까닭없는 맑은 바람을 일으킨 것이다. 그러나 그 웃음을 비웃음으로 느낀 시자만은 짜증이 났다.

"노스님, 갑시다. 남들이 웃습니다."

"네가 이 재미있는 소식을 알 수가 있나. 이 풍류를……."

스님은 '허허' 웃으시고 꼬마들과의 줄다리기에 다시 열중하셨다.

스님의 격외풍류(格外風流)는 어느 때, 어느 곳에서나 있었다.

한번 성내고 한번 즐기는 두 가지 우스운 일

세상에서 누가 이 풍류를 알겠는가

허허 허허 나라리로다

一怒一欣雙笑事

世間誰識此風流

呵呵呵呵囉囉哩

화해롭게 살지니

부부의 도

스님은 출세간(出世間)의 길 위에 서 계셨지만 세상살이에도 너무나 밝았던 분이다. 부부생활, 자식교육, 장사하는 방법 등, 어려운 교리를 설하기 보다는 웃는 가운 데에서 생활을 깨우치는 일상삼매(日常三昧)의 법문을 많이 하셨다.

부부가 함께 찾아오면 부인에게 아이가 몇인가 묻는다.

"셋입니다."

"아이구, 세 번 죽다가 살았구나. 너희 남편이 반지 해 주더나?"

대답이 없으면 남편을 돌아보며 말씀하신다.

"반지 해 주면서 데리고 살아라. 여자에게는 옷과 패물로 알록달록한 채색을 좋아하는 천성이 있으니, 가장은 아내에게 마땅히 금은주기(金銀珠璣)의 패물을 해 주어야 한다. 부처님도 여자에게 패물을 해 주라고 하셨다."

어떤 때는 남편들에게 이렇게 일러주시곤 했다.

"마누라 덕에 산다. 마누라 많이 업어 줘야겠다. 하루에 몇 번씩 업어 주노?"

그리고 부인네들에게는 부드럽고 평화롭고 착하고 순해야(柔和善順) 함을 항상 강조하셨고, 오직 가장의 좋은 점만을 생각해야지 남편의 하찮은 면을 마음 속에 담아 두어서는 안 된다고 하셨다.

"가장이 과거에 잘해 준 것은 모두 잊어버리고 잘못하는 것이 있으면 가슴에 착착 접어 두었다가, 한달이나 두달 후에 또 허물을 지으면 그전에 접어 두었던 것까지를 한꺼번에 쏟아 놓아서 가장의 마음을 뒤집어 놓는다."

결과적으로 남편과의 거리만 멀어지게 될 뿐, 녹이고 풀어야 할 매듭은 오히려 견고해지기만 한다. 그래서 스님은 가장이 화를 내더라도 맞받아 싸우지 말고 오히려, "잘못했어요. 다시는 안그럴께요" 하라고 당부하셨다.

그 말 한마디에 맺힌 것이 녹아내리고 일체의 시비(是非)가 끊어지는 것이건만, 부인이 억세게 소리를 냅다 지르고 분을 참지 못해서 이를 갈기까지 한다는 것이다. 이런 사람에게는 가장이 일찍 죽거나 자식이 없거나 돈이 없거나 몸에 병이 끊이지 않는 등의 액난이 하나씩 붙게 된다고 하셨다.

특히 스님은 가정주부의 힘이 한 가정의 7할을 차지한다는 것과 가정의 주춧돌인 주부가 집을 단단히 받치고 있지 않으면 집이 무너지고 만다는 것을 자주 상기시켰으며, 부인의 4덕(四德)을 매우 강조하셨다.

부인의 4덕.

① 평소 소소한 물질 때문에 남과 다투지 말아야 한다. 내가 부자가 되어 가난한 사람을 도우겠다는 큰 생각을 하여야지, 작은 물질 때문에 싸워서야 되겠는가!

② 가정이 곤궁하여 괴롭더라도 가장이나 부모나 다른 사람을 원망하지 말아라. 사람이 살자면 좋은 일 궂은 일, 즐거운 일 괴로운 일이 생기기 마련이다. 용기를 내어서 타개해 나가야 한다.

③ 음식을 절약하고 검소한 생활을 하며, 분에 넘치게 생활해서는 안된다. 분수를 지켜 살아가면 갑자기 큰 불행을 만나더라도 놀라지 않고 헤쳐 나갈 수 있다.

④ 시부모나 친부모를 잘 섬겨서 효도를 다하고 남편을 받들며 타인을 존경해야 한다.

이 4덕을 지키는 것이 아들 딸을 훌륭하게 기르고 부유한 가정을 이루게 하는 지름길이 됨을 스님은 항상 강조하셨다.

부인을 업어 주라.

패물을 해주라.

'잘못했다'는 그 한마디.

부인의 4덕.

이 모두는 화(和)로 집약된다. 벼 화(禾) 변에 입 구(口)를 더한 이 '和'자는, 벼를 찧어서 술도 담고 떡도 하고 밥도 지어 입에 넣어 주면 모든 불평불만이 사라진다는 뜻을 담고 있다. 그 한 자에 현재의 행복과 아름다운 미래가 전개되는 것임을 강조하셨던 것이다.

오직 한마음, 마음 하나 잘 쓸 때 가정도 생업도 사랑도 행복도 꽃핀
다. 스님은 강조하셨다.

천하의 변화를 알고자 하는 이, 그 마음을 정하라.
천하의 일을 의논하고자 하는 이, 그 마음을 평등하게 가져라.
천하의 착한 일을 받아들이고자 하는 이, 그 마음을 비워라.
천하의 물질을 용납하고자 하는 이, 그 마음을 크게 열어라.

자연의 법문

시절은 춘삼월 호시절(好時節)이라
우주에 춘광(春光)이 도래하여 시냇물은 잔잔히 흘러가고
꽃은 웃고 새는 우짖는데
선창(禪窓)에 일주청향(一炷淸香)의 노연(爐烟)은
우리 집의 묘한 풍광이요 곧 다함없는 진리이다

"봄이 오니 새 우는 소리도 다르다. 겨울에는 추워서 근근히 움추리
는 소리로 우는데 봄에는 아주 활짝 핀 울음소리이다. 물은 잔잔히 흘
러가고 산꽃은 웃고 들새는 노래하는 여기에 법문이 있다. 법문은 법
사(法師)가 입으로만 하는 것이 아니다. 삼라만상이 모두 법문을 하고
있는 것이다."
스님은 법상에 올랐을 때에나 영축산 숲 속을 거닐면서 많은 사람들
에게 자연의 법문을 듣는 눈과 귀를 열어 주셨다.

산을 보면 산과 같이 높은 도덕과 지식을 쌓을 것을 다짐하고, 맑게 흐르는 물을 보면 마음을 깨끗이 할 것을 다짐하며, 바다를 볼 때는 넓고 깊은 마음을 기를 것을, 바위를 볼 때는 원력(願力)을 바위와 같이 견고하게 하겠다는 결심을 하는 등, 산에서도 물에서도, 나아가 자연과 만물에서 삶의 이치를 배워야 함을 자상히 일러 주셨다.

자연과 둘이 아니었던 스님은 통도팔경(通度八景) 하나하나에 대한 시 등 자연에 대한 시를 많이 남겼다. 어느 겨울철, 스님은 새벽 등산을 하다가 한 수의 시를 지었다.

초목도 삼동에는 선정에 들어
얼음과 눈 속에서 정기를 단련한다
숱한 비바람 험하게 겪으면서
꽃 피워 향기 토할 그때만을 기다리네

草水三冬皆入定
凍寒氷雪鍊精時
多經風雨險過事
只待開花香發時

또 1961년 12월 20일에는 영축산 산세(山勢)를 보고 극락암 백호 등 끝에서 약수를 발견하였는데, 그 물을 마시는 모든 사람들이 볼 수 있게끔 1963년 9월 30일에 '산정약수(山精藥水)'라는 비석을 세우고, 친필로 다음과 같은 내용을 써서 비석에 새겨 넣으셨다.

이 약수는 영축산의 산정기로 된 약수이다. 나쁜 마음을 버리고 청
정한 마음으로 먹어야 모든 병이 낫는다.

　　　　　물에서 배울 일

사람과 만물을 살려 주는 것은 물이다.

갈 길을 찾아 쉬지 않고 나아가는 것은 물이다.

어려운 굽이를 만날수록 더욱 힘을 내는 것은 물이다.

맑고 깨끗하여 모든 더러움을 씻어주는 것은 물이다.

넓고 깊은 바다를 이루어 많은 고기와 식물을 살리고 되돌아 이슬비

…….

사람도 이 물과 같이 우주 만물에 이익을 주어야 한다.

靈鷲山深雲影冷 洛東江闊水光淸　　　 哂

영축산이 깊으니 구름 그림자가 차고

낙동강 물이 넓으니 물 빛이 푸르도다. 미소할 뿐.

스님은 사람들을 약수터로 데려가 이 글을 직접 읽어 주시면서, ‘되
돌아 이슬비’ 다음의 말줄임표(……)와 ‘미소할 뿐’에 깊은 의미가 깃
들어 있다고 하셨다. 끊임없는 순환을 나타내는 ……와 미소 속에 진
리를 묻어두셨던 것이다.

진정 스님은 자연을 피부로 느끼면서 살았을 뿐 아니라 자연과 한
몸이 되어 움직임을 같이 했다.

자연을 남용하지 않는 것이 만물과 더불어 화해하는 근본이라는 자
각, 우주는 춘하추동의 사계절로써 만물을 생장케 하고 발육시킨다는
사실, 춘하추동 사계절의 기운을 가정이나 사회나 국가에 이용할 때

모든 일에 실패없이 성공할 수 있다는 원리를 스님은 깊이 체득하고 있었다.

자연과 계절과 사람!

"따스한 봄날에 초목에는 잎이 나고 꽃이 피어난다. 사람의 마음도 봄날같이 화창하면 모든 일에 능률이 오른다. 온화한 그 마음에 착하고 순하고 인정미가 있다면 모든 일에 성공할 수 있으니 봄날같은 온화함을 배워야 한다.

여름날은 후끈후끈 더워서 만물을 무성하게 한다. 사람도 여름날과 같이 그 마음에 뜨거운 덕의(德意)가 있어야 성공이 빠르다.

가을날은 싸늘하고 냉냉한 기운이 있어서 모든 곡식과 과일을 익게 한다. 사람도 가을 기운과 같이 판단력이 빠르고 강하면서도 냉정한 기운이 있어야 한다.

겨울날은 찬바람이 불어 서리와 눈이 오고 혹한으로 만물이 얼게 된다. 그러나 만물은 이때를 맞아 꽃 피고 잎이 돋는 봄날의 준비를 하는 것이다. 사람도 겨울의 용맹과 인내, 정열과 분투력을 배워야 새 봄의 향기 짙은 꽃을 맞이할 수 있다."

그러나 사람들은 흔히 봄과 여름의 기운만을 쓰거나 가을과 겨울의 기운만을 쓰는 경우가 많다. 사철의 기운을 고루 배워서 적절히 그 기운을 사용하는 이야말로 인생을 윤택하게 사는 사람이라 할 것이다. 매일 극락암 뒤의 산길을 거닐면서 산천초목을 향해 생장(生長)의 염불을 들려주셨던 스님의 삶은 언제나 자연과의 화(和) 속에 있었다.

대선사의 열반

1982년 7월 17일(음력 윤5월 27일), 91세의 스님은 미질(微疾)을 보여 문도(門徒)들을 불렀다. 큰스님의 임종이 가까와졌음을 느낀 효행상좌 명정(明正) 선사는 말할 수 없는 슬픔 속에서 여쭈었다.

"스님 가신 뒤에도 스님을 뵙고 싶습니다. 어떤 것이 스님의 참모습입니까?"

스님은 조용히 미소를 머금고 주위를 둘러보신 뒤 말씀하셨다.

"야반삼경(夜半三更)에 대문 빗장을 만져 보거라."

그리고는 4시 25분에 진여무애(眞如無碍)한 열반의 세계로 입적(入寂)하셨다.

생전에 스님은 "내가 입적한 뒤 크게 놀랄 일이 있을 것이다" 하셨는데, 7월 21일 연화대(蓮華臺) 다비장에서 점화한 지 1시간 50분 뒤인 오후 4시 35분에 갑자기 영축산을 중심으로 캄캄한 먹구름이 이는가 싶더니, 일진광풍(一震狂風)이 휘몰아치면서 뇌성벽력과 함께 하늘에서 양동이로 물을 쏟아 붓는 듯한 비가 약 40분 동안 내렸다.

그 자리에 모였던 수 십만 조문객들은 옷 젖는 줄도 모르고 오랜 가뭄 끝에 내리는 그 비를 맞으며 "큰스님의 뜻이 내린다"고 입을 모았다.

5일장을 치르는 동안 산중의 극락암으로 찾아온 조문객의 수는 1백만명을 훨씬 넘어섰으니, 큰스님의 평소 덕화(德化)가 얼마나 크셨는가는 이 하나만으로도 능히 짐작할 수가 있다.

1966년 4월 22일, 주위 사람들이 수의(壽衣)를 짓던 날, 스님은 다음과 같은 글을 일지에 남겼다.

의복이라도 수의라고 칭하게 되니 대중들도 이상하게 섭섭한 감이 든다 하고, 나의 생각에도 본래 오고 감(去來)과 생멸(生滅)이 없는 것이지만 세상 인연이 다해 가는 모양이니 무상(無常)의 감이 더욱 느껴진다.

금년 병오년에서 무진년(1928년) 사이는 39년간인데, 그동안 부고를 받은 것을 대략 쳐 보니 640여 명이다. 이 많은 사람이 어디로 갔는지 한번 가고는 소식이 없구나.

옛부처도 이렇게 가고
지금 부처도 이렇게 가니
오는 것이냐 가는 것이냐
청산은 우뚝 섰고 녹수는 흘러가네
어떤 것이 그르며 어떤 것이 옳은가   쯧!
야반삼경에 촛불 춤을 볼지어다

古佛也恁麼去
今佛也恁麼去
來耶去耶
靑山立流水去
何者非何者   咄
夜半三更見燭舞

　스님의 탑과 비는 1985년 6월 26일 통도사 일주문 밖에 세워졌으며, 스님이 당대의 고승들과 주고 받은 서간집《화중연화소식 火中蓮華消息》과 60년을 하루같이 쓴 일기《삼소굴일지 三笑窟日誌》는 스님의 뒤를 이어 극락암을 지키고 있는 제자 명정선사에 의해 발간되었다. 그리고 스님의 정신을 길이 되살리고, 후학들이 그 깊은 사상을 연구할 수 있는 터전을 마련하게 하고자 극락암에다 유물관인 원광재(圓光齋)를 건립하였다.

　우주가 들어가도 어디에 있는지 모를 지경으로 마음을 넓게 가지고 사바세계를 무대로 삼아 연극 한바탕 잘 해야 한다고 거듭 당부하시던 경봉큰스님. 큰스님의 참뜻은 참생명에 있었다. 스님의 자비로운 모습은 이제 찾아뵈올 길 없고 카랑카랑한 음성은 영축산곡에 묻혔지만, 참생명의 빛을 찾는 이의 눈 앞에는 언제나 스님의 모습이 있고, 그 음성은 원음(圓音)이 되고 일음(一音)이 되어 영원히 우리들의 마음 속에 흐르고 있다.

경봉(鏡峰) 대선사 연보

스님의 속명은 용국(鏞國),
법명은 정석(靖錫),
시호는 원광(圓光),
경봉은 법호(法號)이다.

1892년 4월 9일 : 경남 밀양군 부내면 계수동(서부리)에서 태어남. 광
　　　주 김씨(廣州金氏). 아버지는 영규(榮奎), 어머니는 안동 권씨
　　　(安東權氏).

1905년(14세) : 밀양군 서부리 죽하재(竹下齋)의 강달수(姜達壽) 선
　　　생 문하에서 〈사서삼경〉을 배워 마침.

1906년(15세) : 8월 4일 모친상을 당함. 이 때 인생의 무상함을 절감하
　　　고 생멸(生滅)이 없는 법을 찾고자 결심.

1907년(16세) : 6월 9일 양산 통도사에서 성해화상(聖海和尙)을 은사
　　　로 삭발 득도(得度).

1907년(16세) : 10월 30일 청호화상(淸湖和尙)으로부터 사미계(沙彌
　　　戒)를 받음.

1910년(19세) : 명신학교(名信學校)를 졸업.

1911년(20세) : 4월 8일 해담화상(海曇和尙)으로부터 보살계와 비구
　　계를 받음.

1912년~1914년(21세~23세) : 통도사 불교전문강원에서 대교과(大敎
　　科)를 수료. 이 때《화엄경》은 만해(卍海) 스님에게서 배움.

1915년(24세) : 3월 31일 통도사를 떠나 전국의 여러 선원을 찾아가서
　　수행. 처음 양산 내원사의 혜월화상(慧月和尙)을 참방. 곧이어
　　해인사 퇴설당(堆雪堂), 금강산 마하연(摩訶衍), 석왕사 내원
　　선원(內院禪院) 등에서 수선(修禪). 다시 통도사로 돌아와 안
　　양암에서 피나는 정진을 하여 선정력(禪定力)을 얻음.

1917년(26세) : 마산포교당 포교사로 취임.

1919년(28세) : 양산 내원사 주지 취임.

1925년(34세) : 통도사 양로만일염불회 창설.

1927년(36세) : 통도사 극락선원에서 삼칠일(21일) 동안 화엄산림법회
　　(華嚴山林法會)를 개설하여 용맹정진하던 중, 12월 13일 오전
　　2시 30분 촛불이 춤추는 것을 보고 활연히 대오(大悟)함.

1930년(39세) : 2월 21일부터 낙산사 홍련암에서 삼칠일동안 관음기도
　　를 행함.

1932년(41세) : 1월 31일 통도사 불교전문강원 원장에 취임.

1935년(44세) : 9월 19일 대본산 통도사 주지에 취임.

1941년(50세) : 3월 30일~5월 4일 일본 불교계 시찰.

1942년(51세) : 재단법인 조선불교 중앙선리참구원 이사장 취임.

1945년(54세) : 10월 3일 재단법인 선학원 이사장 취임.

1946년(55세) : 12월 불교혁신총연맹본부 위원장.

1949년(58세) : 대본산 통도사 주지.

1950년(59세) : 밀양 무봉선원에서 수 년동안 주석.

1953년(62세) : 2월 30일 좌선을 하다가 심불방광처(心佛放光處)를 체
득.

1953년(62세) : 11월 3일 통도사 극락호국선원 조실(祖室)로 추대됨.
이후 열반의 그날까지 30년을 극락암에 주석하시며 후학들을
지도.

1969년(78세) : 특별수도정진처 아란야(阿蘭若) 창건.

1973년(82세) : 매월 첫번째 일요일 정기법회를 열어 화연(化緣)을 마
치던 해까지 90 노령에도 시자의 부축을 받으며 법좌에 오르니
청중은 언제나 수천명에 이르렀음.

1982년(91세) : 7월 17일(음력 윤5월 27일) 미질을 보이던 중, "스님
가시면 보고 싶습니다. 어떤 것이 스님의 참모습입니까."하고
묻는 시자에게 스님은 웃으면서, "야반삼경(夜半三更)에 대문
빗장을 만져 보거라"는 말씀을 남기고 열반에 드심. 그 때 시각
은 오후 4시 25분. 세수(世壽) 91세, 법랍(法臘) 75년.

1985년 : 6월 26일 통도사 일주문 밖에 탑과 비를 세움.

저서   법어집《법해 法海》·《속법해 續法海》
한시집《원광한화 圓光閒話》
유묵집《선문묵일점 禪門墨一點》
서간집《화중연화소식 火中蓮花消息》
일   지《삼소굴일지 三笑窟日誌》

기도 및 영가천도의 지침서

광명진언 기도법 / 일타스님·김현준   신국판 176쪽 6,000원

광명진언 기도를 널리 펴고자 일타스님과 김현준 원장이 함께 저술한 책. 광명진언 속에 새겨진 참의미와 바른 기도법, 빠른 기도성취법 등을 자상하게 설하고, 유형별 기도성취 영험담을 다양하게 수록하였으며, 누구나 보기 쉽도록 큰활자로 발간하였습니다. 광명진언을 외우면 행복과 평화, 영가천도, 소원성취를 이룰 수 있습니다.

기도 / 일타스님   신국판 240쪽 9,000원

총 6장 52편의 다양한 기도 영험담으로 엮어진 이 책을 읽다보면 기도를 통해 틀림없이 부처님의 가피를 입을 수 있음을 확신할 수 있게 되고, 올바른 기도법과 함께 기도성취의 지름길을 알 수 있게 됩니다.

기도성취 백팔문답 / 김현준   신국판 240쪽 9,000원

기도에 대한 정의·기도와 믿음·업장소멸의 방법·꾸준한 기도의 효험·원을 세우는 법·축원법·각종 기도가피와 기도성취의 시기·성취를 위한 하심법下心法 등 기도에 관한 궁금증들을 문답형식으로 자상하게 풀이하였습니다.

참회와 사랑의 기도법 / 김현준   신국판 192쪽 7,000원

총 84가지 문답을 통하여 참회의 정의에서부터 참회기도를 해야하는 까닭, 절을 통한 참회법·염불참회법·주력참회법·가족을 향한 참회법, 기도 축원의 구체적인 내용 및 자비의 기도가 갖는 효과, '백중과 영가천도'등에 대해 아주 상세하게 설명하고 있습니다.

참회·참회기도법 / 김현준   신국판 160쪽 6,000원

참회의 참된 의미, 절·염불을 통한 참회법, 참회인의 마음가짐, 이참법 등을 영험담들과 함께 감동 깊게 엮은 책으로, 참회를 통해 행복하고 자유로운 삶을 사는 방법을 열어주고 있습니다.

불교의 자녀사랑 기도법 / 김현준   신국판 160쪽 6,000원

사랑하는 자녀들을 가장 잘 사랑할 수 있는 방법을 부처님의 가르침에 의지하여 정립하고 생활화한 책입니다. 이 책의 가르침을 따라 자녀를 사랑하고 기도해보십시오. 우리의 자녀들이 뜻하는 바 소원을 성취하고, 행복과 평화를 누릴 수 있게 될 것입니다. 부록으로 부모님께 효도하여야 하는 까닭과 방법도 수록하였습니다.

참회 / 김현준   4×6판 160쪽 5,500원

참회의 원리와 공덕, 절·염불·주력을 통한 참회법, 간단하면서도 효과가 큰 오회참법, 자비축원의 참회, 이참법, 원효대사의 대승육정참회 등을 감동 깊게 엮은 책으로, 참회를 통해 깨달음을 이루고 자유로운 삶과 행복하게 사는 방법 등을 일러주고 있습니다.

법보시를 원하시는 분은 출판사로 연락 주십시오. 할인혜택을 드립니다.
전화 02-587-6612, 582-6612 팩스 02-586-9078

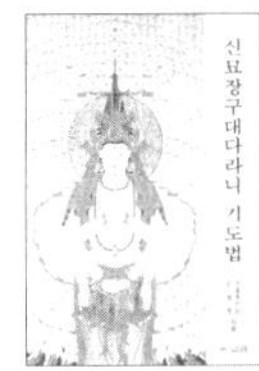

신묘장구대다라니 기도법 / 우룡스님·김현준　신국판　208쪽　7,000원

신묘장구대다라니를 외우면 생겨나는 가피와 공덕, 기도의 방법과 주의할 점, 우룡스님이 들려주는 14편의 영험담, 대다라니의 근본경전인 『무애대비심다라니경』을 수록하고 있는 이 책을 읽고 자신있게 기도하면 심중소원의 성취와 기적같은 체험도 할 수 있습니다.

기도 성취의 지름길 / 우룡스님　　　　　4×6판　160쪽　5,000원

가족을 위한 기도와 기도 성취의 원리에 초점을 맞춘 감동적인 기도법문입니다. 제1부「가족 행복을 위한 기도」에서는 가족을 향한 참회와 절의 필요성, 3배 기도의 큰 영험에 대해 일러주고 있으며, 제2부「빠른 기도 성취의 길」에서는 믿음과 정성이 뒤따라야 기도 성취를 잘할 수 있고, 기도의 고비를 잘 넘겨야 능히 행복과 대해탈의 문이 열린다는 것을 많은 이야기를 곁들여 설하고 있습니다.

기도 이야기 / 우룡스님　　　　　　신국판　204쪽　7,000원

"스님, 기도로 소원을 성취할 수 있습니까?" 총 6장 45편의, 참으로 재미있는 기도성취 영험담이 수록된 이 책을 읽고 기도를 하면, 불보살님과 통하는 감응의 길이 열리면서 심중소원을 빨리 성취하게 됩니다. 또한 이야기 끝에 붙인 큰스님의 해설은 기도의 방법을 쉽게 터득할 수 있도록 이끌어줍니다.

영가천도 / 우룡스님　　　　　　　신국판　160쪽　6,000원

영가의 장애를 느끼십니까? 돌아가신 영가를 영가를 제대로 천도해 드리지 못했습니까? 영가천도의 필요성과 기본자세, 염불·독경·사경을 통한 영가천도, 49재, 낙태아 천도 등 영가천도에 관한 궁금증 및 천도의 방법을 우룡스님의 자세한 법문으로 풀어드립니다.

관음신앙·관음기도법 / 김현준　　　　신국판　240쪽　9,000원

관세음보살의 구원 능력, 주요 경전 속의 관음관, 11면관음·천수관음·32응신·33관음 등 자비관음의 여러 가지 모습, 일심칭명 일념염불의 관음기도법, 독경 사경 기도법, 다라니 염송 기도법 등을 자세하고도 알기 쉽게 풀이하였습니다.

미타신앙·미타기도법 / 김현준　　　　신국판　160쪽　6,000원

아미타불의 참 모습에서부터 극락에서 누리는 행복, 칭명염불·오회염불·관상염불·천도염불 등의 각종 염불수행법과 함께 임종하는 이를 위한 의식과 49재 기간의 행법 등을 자세히 밝히고 있습니다.

지장신앙·지장기도법 / 김현준　　　　신국판　192쪽　7,000원

지장신앙 속에는 영가천도뿐만이 아니라 현세에서의 행복과 깨달음, 성불의 비결까지 간직되어 있습니다. 이러한 지장신앙의 여러 측면과 함께 생활 속에서 할 수 있는 지장기도법을 자세히 밝혀놓았습니다.

많이 찾는 기도 독송용 경전

한글『법화경』과『법화경 한글사경』

불교 최고 경전인 법화경! 이 경을 독송하고 사경해 보십시오.
소원성취는 물론 깨달음과 경제적인 풍요까지 안겨줍니다.

법화경 (독송용) 김현준 역	무선제본 총 22,000원
	양장본 25,000원
법화경 한글사경 김현준 역 4x6배판	총 25,000원
전5책 각권 120쪽 내외 권당 5,000원	

지장경 김현준 편역   4×6배판 208쪽 8,000원

이 책은 지장기도를 하는 분들을 위해 ① 지장경을 처음부터 끝까지 1번 독송, ② '나무지장보살'을 천번염송, ③ 지장보살예찬문을 외우며 158배, ④ '지장보살'천번 염송의 4부로 나누어 특별히 만들었습니다.
지장경 독경 및 지장보살예참과 염불을 할 때, 각 장 앞에 제시된 기도법에 따라 기도를 하면, 영가천도·업장소멸·소원성취·향상된 삶을 이룩할 수 있습니다.

자비도량참법 / 김현준 역   양장본 528쪽 25,000원

참되이 참회하시기를 원하십니까? 자비도량참법 기도를 하면 나의 허물과 죄업의 참회에서 시작하여 부모 스승 친척 등 육도 속을 윤회하는 온 법계 중생의 업장과 무명까지 모두 소멸시켜주며, 자비가 충만해지고 환희심이 넘쳐나게 됩니다.

원각경 / 김현준 편역   4×6배판 192쪽 8,000원

한국불교의 근본 경전인 원각경을 수십 차례 번역·수정·윤문하여 쉽게 이해할 수 있도록 하였습니다. 한글과 원문을 바로 옆에 두어 대조하며 읽을 수 있습니다.

유마경 / 김현준 역   4×6배판 296쪽 12,000원

보살의 병, 불도란 어떤 것인가? 깨달음의 세계로 들어가는 불이법문, 참된 불국토를 건설하는 방법 등등 매우 소중한 가르침들을 가득 담고 있는 이 경을 읽다보면 마음이 탁 트입니다.

승만경 / 김현준 편역   4×6배판 144쪽 6,000원

여인의 성불 수기와 함께 승만부인의 서원, 정법·번뇌·법신·일승·사성제·자성청정심·여래장사상 등을 분명히 밝힌 보배로운 경전입니다.(한글 한문 대조본)

보현행원품 / 김현준 편역   4×6배판 112쪽 5,000원

행원품과 예불대참회문을 함께 실어 독경 후 행원품에 근거한 정통 108배를 행할 수 있도록 만들었으며, 독송 방법과 대참회의 의미 등도 상세히 설명하였습니다.

밀린다왕문경 / 김현준 편역   신국판 204쪽 7,000원

그리스 왕인 밀린다와 불교 승려인 나가세나가 인생과 불교에 대해 대론한 것을 정리한 경전. 윤회·업·수행·지혜·해탈 등에 대한 조리정연한 번역이 신심을 더욱 불러일으킵니다.

천지팔양신주경 / 김현준 역   4×6배판 100쪽 4,000원

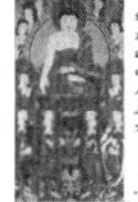

건축·결혼·출산·사업·죽음 등 평생의 삶 중에서 중요한 때마다 이 경을 3~7번 독송하면 크게 길하고 이롭고 장수하고 복덕을 갖추게 된다고 합니다.

<h1 align="center">● 아름다운 우리말 경전 시리즈 ●</h1>

〈가지고 다니면서 틈틈이 읽게 되면 독송과 기도에 큰 도움이 됩니다〉

금강경 / 우룡스님 역 　　　　　　　　　　　　　　　국반판 100쪽 2,500원
'금강경을 우리말로 보급하겠다'는 원력에 의해 제작된 책.

관음경 / 우룡스님 역 　　　　　　　　　　　　　　　국반판 100쪽 2,500원
관음경의 번역과 함께 관음기도와 염불법에 대해 자세히 설한 책.

보현행원품 / 김현준 편역 　　　　　　　　　　　　　국반판 100쪽 2,500원
보현보살의 십대원을 설하여 참된 보살의 길로 이끌어주는 책.

약사경 / 김현준 편역 　　　　　　　　　　　　　　　국반판 100쪽 2,500원
한글 번역과 함께 약사기도법과 약사염불법에 대해 자세히 설한 있는 책.

지장경 / 김현준 편역 　　　　　　　　　　　　　　　국반판 196쪽 4,000원
편안한 번역으로 쉽게 이해할 수 있도록 하였으며, 기도법도 자세히 수록한 책.

부모은중경 / 김현준 역 　　　　　　　　　　　　　　국반판 100쪽 2,500원
부모님의 은혜를 느끼며 기도를 할 수 있게 엮은 책.

초발심자경문 / 일타스님 역 　　　　　　　　　　　　국반판 100쪽 2,500원
신심을 굳건히 하고 수행에 대한 마음을 불러일으키게끔 하는 책.

법요집 / 불교신행연구원 편 　　　　　　　　　　　　국반판 100쪽 2,500원
법회와 수행 시에 필요한 각종 의식문, 좋은 몇 편의 글들을 수록한 책.

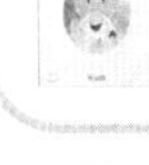

금강경 / 우룡스님 역 　　　　　　　　　　　　　4×6배판 112쪽 5,000원
책 크기만큼 글씨도 크게 하고 한자 원문도 수록하였으며, 독송에 관한 법문도 첨부하였습니다. 사찰 및 가정에서의 독송용으로 매우 좋습니다.

아미타경 / 김현준 편역 　　　　　　　　　　　　4×6배판 92쪽 4,000원
아주 큰 활자 번역본으로, 독경 및 '나무아미타불' 염불 방법을 함께 실었습니다. 사찰에서 대중이 함께 독송할 때 또는 집에서 독송할 때 매우 유용합니다.

무량수경 / 김현준 역 　　　　　　　　　　　　　4×6배판 176쪽 7,000원
아미타불은 어떠한 분이며, 극락의 장엄과 멋과 행복은 어떠한가? 극락에 왕생하려면 현생에서 어떻게 닦아야 하는가를 자세하게 설하고 있어, 독송을 하면 신심이 깊어집니다.

관무량수경 / 김현준 편역 　　　　　　　　　　　4×6배판 112쪽 5,000원
극락왕생의 수행법인 16관법을 상세하게 묘사하고 있는 이 경전 속의 옛 그림과 경전의 내용을 음미하다 보면, 현세의 극락 같은 삶과 내세의 극락왕생이 성큼 다가섭니다.

미륵삼부경 / 김현준 역 　　　　　　　　　　　　4×6배판 160쪽 7,000원
미륵신앙의 근본경전인 미륵상생경·미륵하생경·미륵성불경을 함께 엮은 책으로, 각박한 현실에 처하여 있는 우리를 구원해 주고 행복하게 만들어 주는 희망의 메시아를 담고 있습니다.

약사경 / 김현준 편역 　　　　　　　　　　　　　4×6배판 100쪽 4,000원
아주 큰 활자로 약사경 한글 번역본을 만들었습니다. 약사경 독경 방법 및 약사염불법도 함께 실어 기도에 도움이 되도록 하였습니다.

관음경 / 우룡스님 역 　　　　　　　　　　　　　4×6배판 100쪽 4,000원
커다란 글씨의 관음경 해설과 함께 관음경의 원문과 독송법, 관음 염불 방법 등을 수록하여 관음경의 가르침을 쉽게 이해하도록 하였습니다.

영험 크고 성취 빠른 각종 사경집 (책 크기 4×6배판)

광명진언 사경 (가로쓰기:1080번 사경)　128쪽　5,000원
광명진언 사경 (세로쓰기:1080번 사경)　128쪽　5,000원
눈으로 보고 입으로 외우고 손으로 쓰고 마음으로 새기는 광명진언 사경은 크나큰 성취를 안겨줍니다.

금강경 한글사경 (1책으로 3번 사경)　144쪽　6,000원
금강경 한문사경 (1책으로 3번 사경)　144쪽　6,000원
금강경 한문한글사경 (1책으로 1번 사경)　100쪽　4,000원
요긴하고 으뜸된 경전인 금강경을 사경해 보십시오. 업장소멸과 함께 크나큰 깨달음과 좋은 일들이 저절로 다가옵니다.

아미타경 한글사경 (1책으로 7번 사경)　116쪽　5,000원
살아 생전 또는 부모나 가까운 분이 돌아가셨을 때 이 경을 쓰면 극락왕생이 참으로 가까워집니다.

반야심경 한글사경 (1책으로 50번 사경)　116쪽　5,000원
반야심경 한문사경 (1책으로 50번 사경)　116쪽　5,000원
반야심경을 사경하면 호법신장이 '나'를 지켜주고, 공의 도리를 깨달아 평화롭고 안정된 삶이 함께 합니다.

신묘장구대다라니 사경 (50번 사경)　116쪽　5,000원
대다라니를 사경하면 관세음보살님과 호법신장들이 '나'와 주위를 지켜주고 소원성취와 동시에, 행복하고 자비심 가득한 마음을 가질 수 있도록 해줍니다.

천수경 한글사경 (1책으로 7번 사경)　112쪽　5,000원
천수경을 사경하고 독송하면 천수관음의 가피가 저절로 찾아들어, 업장 및 고난의 소멸과 갖가지 소원을 쉽게 성취할 수 있습니다.

관음경 한글사경 (1책으로 5번 사경)　112쪽　5,000원
관음경을 사경하면 늘 행복이 함께하며, 학업성취·건강쾌유·자녀의 성공·경제 문제 등에도 영험이 매우 큽니다.

지장경 한글사경 (1책으로 1번 사경)　144쪽　6,000원
지장경을 사경하고 독송하면 영가천도는 물론이요, 각종 장애가 저절로 사라지고 심중의 소원이 성취됩니다.

아미타불 명호사경 (1책으로 5,400번 사경)　160쪽　6,000원
'나무아미타불'과 '아미타불'을 오회염불법에 따라 외우고 쓰는 특별한 명호사경집입니다. 집중력을 더하여, 심중 소원 성취에 큰 도움을 줍니다.

관세음보살 명호사경 (1책으로 5천4백번 사경)
지장보살 명호사경 (1책으로 5천번 사경)　각 권 108쪽　5,000원
'관세음보살'이나 '지장보살'의 명호를 쓰면서 입으로 외우고 마음에 새기면, 관세음보살님과 지장보살님의 가피를 입어 몸과 마음이 큰 변화를 이루고, 마음속의 원을 능히 성취할 수 있습니다.

저자 **김현준** 金鉉埈

　　동국대학교 대학원에서 불교학을 전공하고 한국학중앙연구원에서 한국불교를 연구하였으며, 우리문화연구원 원장, 성보문화재연구원 원장, 효림출판사 대표 등을 역임하였다.

　　현재 불교신행연구원 원장, 월간「법공양」발행인 및 편집인, 효림출판사와 새벽숲출판사의 주필 및 고문으로 활동하고 있다.

　　저서로는『예불문, 그 속에 깃든 의미』『사찰, 그 속에 깃든 의미』『생활 속의 천수경』『생활 속의 반야심경』『생활 속의 보왕삼매론』『광명진언 기도법』『신묘장구대다라니 기도법』『미타신앙 미타기도법』『관음신앙 관음기도법』『지장신앙 지장기도법』『참회·참회기도법』『기도성취 백팔문답』『참회와 사랑의 기도법』『불교의 자녀사랑 기도법』『사성제와 팔정도』『삼법인 중도』『자비실천의 길 사섭법』『인연법』『육바라밀』『참생명을 찾는 경봉스님 가르침』『도와 함께하는 행복과 성공』『선수행의 길잡이』『석가 우리들의 부처님』『화엄경 약찬게 풀이』『바보가 되거라』『아! 일타큰스님』등 30여 종을 비롯하여, 불자들의 신행을 돕는『광명진언 사경』『신묘장구대다라니 사경』등 사경집 20여 종이 있으며,

　　번역서로는『법화경』『원각경』『승만경』『지장경』『보현행원품』『약사경』『자비도량참법』『부모은중경』『육조단경』『선가귀감』등 10여 종이 있다.

바보가 되거라

초 판 1쇄 펴낸날 1993년 10월 10일
　　　 15쇄 펴낸날 2025년 11월 14일

지은이 김현준
펴낸이 김연지
펴낸곳 효림출판사

등록일 1992년 1월 13일 (제2-1305호)
주 소 서울시 서초구 반포대로14길 30, 907호 (서초동, 센츄리Ⅰ)
전 화 02-582-6612, 587-6612
팩 스 02-586-9078 **이메일** hyorim@nate.com

값 8,000원

ⓒ효림출판사 1993
ISBN 978-89-85295-07-9 03220